새벽 다섯 시, 지금 우리가 서 있는 곳

박진실　윤우진　예서　송유경

차례

박 진 실　　06

윤 우 진　　40

예　　서　　84

송 유 경　　148

박 진 실

행복의 지표 · 남의 외로움에 함부로 뛰어들지 말 것 · 두어 걸음 물러서서 보기 · 유튜브 시청 기록 삭제 · 같이 보고싶은 영화 · 습관적인 후회를 버리고 · 포기하는 것이 익숙해져서 · 휘발되지 않고 남아주기를 · 책임을 다하는 사람 · 너로 인해 나는

윤 우 진

감사합니다 · No pain Much gain · 비움 · 뻔한 날 · 이윽고 · 비교 · 팔랑귀 · 생각대로 · 나를 괴롭히는 생각 · 꿈 · 과유불급 · 아바타 · 방향

예 서

사랑과 친절은 때론 반비례하니까 · 소리풍경 속을 달리다 · 감정의 민낯을 마주하다 · 잃어버린 시간을 찾다 · 지금 이 순간을 살아내 · 안내하는 댕댕이를 만나던 날 · 안 보고도 살아나간다, 어쩌면 전보다 잘 · 들꽃을 만나다 · 어느새 진심은 증발해 버리고 · 작은 상자에 갇혔다 · 때가 되면 다시 만난다

송 유 경

오늘 문득 · 주의 산만 또는 기분 전환 · 사과하고 싶은 사람들 · 몇 시예요? · 소중한 것이 있습니다 · 당연한 사실 · 리얼: 거꾸로 · 우상: 내 방(마음)에 있는 것 · 언니 꿈(우상 2) · 모순을 사랑하는 것 · 그동안 마주하고 싶지 않았던 것들 · 손에 닿는 것 · 페이퍼 앤드 펜 · 열리기 위해 닫히는 문 · 폰트 · 리얼 2 · 굉장히 TMI (과도한 정보) · 지나간다 · 마주하고 싶었던 것들 · 천재 피아니스트를 보았다 · 우리가 지난 토요일에 한 일을 기억하고 있다 · 기도 · 낭비와 허비

박
진
실

INSTAGRAM @writrue

나는 대체 무엇인가. 이 질문에 답을 찾고자 떠난 글쓰기라는 여정. 그저 흘러가던 순간들을 붙잡아 글로 써 내려가다 보면, 그 답을 찾게 될지도 모르겠다.

행복의 지표

 사람마다 행복감을 느끼는 기준이나 상황이 다를 것이다. 나는 어떤 상황이나 순간이 온전하다고 느낄 때 주로 행복하다고 느끼는 것 같다.

 아직까지도 또렷하게 기억하는 한 순간이 있다. 옷차림이 적당히 가벼웠고, 오전 중에 강의가 끝나 홀가분한 마음으로 막 점심시간을 맞이한 참이었다. 그날따라 유독 햇볕이 좋아 날이 포근했고, 마침 딱히 배가 고픈 것도 아니라 건물 뒷길에 있는 벤치에 자리를 잡고 앉았었다. 가방을 베고 누워서 책을 읽던 그 순간의 평화로움이란. 학생들이 많이 다니는 길이 아니었던 터라 주변이 조용해서 책 넘기는 소리, 바람 소리, 가방이 바스락거리는 소리만 들렸다. 나중에는 내가 머릿속으로 하는 생각의 소리가 점점 크게 들리는 듯 했다. 내 주변만 시간의 흐름이 느려진 듯한 감각이 마음에 들었고, 이왕이면 시간이 아주 천천히 흘러가 주기를 바랐다. 그 모든 일련의 생각과 감각, 기분이 어우러져 '완벽하게 온전하다'고 느꼈던 한 때다.

대학을 졸업한지도 벌써 7년 가까이 됐다. 사회인으로서, 한 개인으로서 그 시간들을 지내오면서, 나를 가장 동요하고 고민하게 했던 것은 '완벽하게 불온전한' 것들에 둘러싸여 있다는 사실이었다. 물론 지금도 여전히 앞에 놓인 불확실성에 피로감을 느낀다. 때문에 나는 '온전하다'는 감각에 예민하게 반응하고, 그만큼 '완벽한 한 때'가 연출될 때 가장 행복하다. 그래서 지칠 때마다 종종 그 날을, 그 순간을 생각한다. 다시 그 벤치에 누워 햇볕이나 쬐며 별 것 아닌 생각의 흐름을 대단한 발견인 양 감탄하고 싶다고 생각한다. 그 순간은 나에게 하나의 정취가 되었고, 나의 '행복의 지표'가 되었다.

오늘도 나는 적당한 벤치, 적당한 햇빛, 적당히 완벽한 한 때를 기대하며 산책을 하고, 생각을 하고, 사람들을 만난다. 앞에 놓인 수많은 불확실성 가운데 나를 온전하게 할 무언가를 발견하기를 바라며.

남의 외로움에
함부로 뛰어들지 말 것

누군가의 그늘에 볕이 들게 하겠다는 생각만큼 오만하고 경솔한 것이 또 있을까. 나는 중학생 때 그 사실을 몸소 경험으로 배웠다.

나는 어려서부터 마음에 그늘이 있는 사람을 이상하리만큼 잘 알아보는 재주가 있었다. 왜인지는 모르겠지만 그냥 그들의 외로움이 느껴졌다. 울타리 밖에 홀로 서 있듯 친구들과 어울리지 못하고 겉도는 그런 사람. 나는 그런 사람을 알아보는 데 그치지 않고, 다시 울타리 안으로 밀어 넣어주는 것을 일종의 사명처럼 생각했던 것 같다. 이것이 나의 첫 번째 오만이었고, 그들이 울타리 안으로 들어오고 싶을 것이라고 넘겨짚은 것이 두 번째 오만이었다.

한 친구가 있었다. 밴드 동아리 친구였는데, 늘 무리에 끼지 못하고 혼자인 모습이 마음에 걸렸다. 울타리 안으로 데려오고 싶었다. 그때부터 나는 그에게 열심히 다가갔고, 그도 처음에는 나를 경계하는 듯 했지만 곧 우리는 친구가 됐다. 같이 시간을 보낼수록 나는 그 친구의 외로움을 이해하게 됐고 인간관계에서 어떤 갈증이 있는지도 알게 됐다. 나는 그 친구의 아픔과 갈증을 최대한 이해해주고 싶었고, 그 마음이 친구에게 위로가 되기를 바랐다.

그때부터 조금씩 문제가 생기기 시작했다. 나는 그 애가 나를 통해 다른 친구들과도 잘 어울리게 되기를 바랐다. 나에게 그래주었던 것처럼 다른 친구들에게도 잘 웃고 자신의 이야기를 해주기를 바랐다. 하지만 내 의도와는 달리 친구는 점점 나에게만 집중했고, 내가 자신에게 더 많은 시간을 할애해주기를 바랐다. 결과는 예상하다시피 좋지 않았다. 나는 그 애의 맹목적인 관심과 애정을 갈구하고 안달하는 모습에 지쳤고, 나중에는 그 친구의 관심이 버겁고 두려웠다. 그는 다양한 인간관계를 통해 채워야 할

양분을 나에게서 전부 받기를 원했고, 이는 미성숙한 열여섯살의 내가 감당하기에는 버거운 일이었다.

나는 내 행동의 파급력을 전혀 예상하지 못했고 결국 서로가 서로에게 질리고 상처주는 존재가 되어 멀어졌다. 그 애는 모든 걸 채워주지 못하는 내게 실망했고, 나는 그 애의 집착에 싫고 무서웠다. 그 친구와의 관계는 이제는 씁쓸한 기억으로 남아있다. 당시에는 상황이 이렇게 된 것이 모두 그 친구의 잘못이라고 원망했지만, 다시 돌이켜보니 마냥 그 친구를 탓할 일도 아니다. 나의 섣부르고 경솔한 행동이 불러온 결과이기도 하니까.

누군가의 외로움, 혹은 아픔에 함부로 손을 대려고 해서는 안된다는 것을 그때 알았다. 의사도 전문적인 훈련을 받은 상담사도 아닌 한낱 개인이 모든 걸 다 아는 것처럼 누군가를 이해하려고 하고, 이해하고 있다고 자신하는 것은 오만하고 위험한 생각이다. 누군가는 내가 내민 손을 잡고 울타리 안으로 들어올지 모르지만 또 다른 누군가는 내가 내민 손을 자기 쪽으로 잡아 당겨 품 속에 숨기려고 할 수도 있다.

 지금이라고 뭐 다를까 싶기도 하지만, 최소한 지금이라면 내가 채워줄 수 있는 건 한정된 부분일 뿐이라고 그 친구에게 명확하게 말해줬을 것이다. 그랬다면 그 애와 나는 여전히 좋은 친구였을까? 잘 모르겠다. 최소한 씁쓸한 기억으로 남는 것보다는 나은 사이가 됐을지도. 이제 나는 사람들의 그늘을 알아채더라도 나서서 치유해주려 들지 않는다. 그것은 내가 감당할 몫이 아니며, 그들 자신이 직접 해결해야만 하는 문제라는 것을 이제는 안다.

두어 걸음 물러서서 보기

꽃송이가 하나둘씩 눈에 들어오기 시작할 때 얼른 눈을 돌려야 한다. '조금 더 자세히 보고싶어, 조금 더' 하고 가까이 다가가다보면 보고싶지 않은 것들까지 발견하게 될 터다. 이를테면 줄기에 붙은 벌레들, 먼지가 묻은 꽃송이… 그리고 곧 '에이 뭐야' 하고 실망하게 될 것이다.

꽃송이를 자세히 들여다보듯 누군가를 깊이 알고 싶을 때가 있다. 하지만 그럴 때마다 우리는 종종 기대하지 않았던 것까지 발견하게 된다.

한 번은 이런 일이 있었다. 새 친구를 사귀었는데 유쾌하고 재미있는 사람이었다. 그 친구의 재치 넘치는 농담과 쾌활한 성격은 곁에 있는 사람도 덩달아 웃게 만드는 매력이 있었다. 나는 친구의 그런 점이 좋았고, 그래서 친구를 더 많이 알고 싶었다. 그때부터 나는 친구를 '자세히' 들여다보기 시작했다. 친구의 생각과 행동부터 사소한 버릇이나 습관까지도. 하지만 유심히 들여다보면 볼수록 나는 친구가 숨겨왔던, 혹은 가지고 있었지만 멀리서는 보이지 않았던 모난 부분도 알게 됐다. 마냥 예쁜 꽃인 줄로만 알았던 내 완벽한 친구는 사실 나 만큼이나 흠 많은 평범한 사람이었다.

우리는 상호 작용하는 존재들이기에, 내가 그 아이를 들여다볼수록 그 아이에게도 내가 투명하게 보였을 것이다. 그만큼 친구도 나에게서 굳이 알고 싶지 않았던 단점들을 발견했을지 모른다. 우리는 여전히 친구이지만 처음보다는 연락도 뜸하고, 아마 마음의 거리도 조금 멀어진 듯 하다. 이따금씩 그 친구가 떠오를 때마다 아쉬운 마음이 따라온다. 그 아이를 다 알겠다는 욕심을 부리지 않았다면 어쩌면 실망할 일도 없었을까 하고 말이다. 꽃의 아름다움을 그대로 느끼기 위해서는 두어 걸음쯤 물러서야 했다.

유튜브 시청 기록 삭제

내가 보고 듣는 모든 것이 유익하고 생산적인 것이어야 한다. 나는 그런 강박이 있는 것 같다. 내가 그렇다는 걸 많이 느끼는 지점이 하나 있었는데, 바로 유튜브 시청 기록을 삭제하는 일이다.

나는 주기적으로 유튜브 시청 기록을 삭제한다. 기록을 삭제하는 이유는, 그 과정에서 내가 그동안 어떤 영상을 주로 봤는지 다시 돌아보기 위해. 그리고 기록으로 남길 만한 영상인지 아닌지를 걸러내기 위해서다. 다시 말해, 유익해 보이는 영상과 단순히 시간을 때우기 위해 봤던, 어떤 유용함도 없는 영상을 가려내기 위함이다. 딱히 남에게 보여질 것이 마음에 쓰여 그러는 것은 아니다. 오히려 나는 나 자신을 검열하고 있다고 보는 편이 더 맞을 것이다.

전달하는 정보의 양이나 분야가 다른 것일 뿐 둘 다 누군가에게는 필요하고 재미있는 영상일 수 있는 것인데, 그런 가치판단을 내리는 것은 스스로 생각해도 우스운 일이다. 게다가 기록을 지운다고 내가 그 영상을 안 본 것이 되는 것도 아닌데 말이다. 그런데도 이러한 '검열' 행위를 계속하는 이유는 뭘까. 어쩌면 나는 내가 시간을 헛되이 보냈다는 사실을 얄팍한 눈가림으로 지워내거나 외면하고 싶은 것인지도 모르겠다. 내 이상과 현실의 격차에서 오는 괴리감을 줄이고 싶은 마음도 있는 것 같다.

실제로 내가 구독한 유튜브 채널과 내가 자주 보는 유튜브 영상은 꽤나 분리되어 있다. '나는 이런 걸 좋아하고 이런 것도 보는 사람이야' 하고 자랑하고 싶은 마음에 채널을 구독했지만, 정작 잘 찾아보지는 않는 것들이 몇 개 있다. 예들 들면 대우주의 비밀이라든가 과학 지식이라든가 하는 것들이다.

이러한 괴리는 왜 생기는 것일까. 나는 왜 강아지 영상을 연달아 몇 편이고 본 것이 스스로에게 용납이 안될까. 강아지를 좋아하는 것도 나인데. 그 시간이 즐거웠으면 그것도 어떤 의미에서는 유익했다고 볼 수도 있는 것인데. 이런 질문들은 결국 '왜 나는 있는 그대로의 나를 받아들이지 못할까' 라는 본질적인 물음에 닿게 된다.

생각해보면 나는 늘 자신에 대한 기대치가 높았다. 하지만 매번 기대치를 채울 수는 없는 노릇이다. 이에 나는 기대와 현실 사이의 간극을 채우기 위한 수단이 필요했고, 내가 선택한 방법이라는 것이 고작 '삭제하기'였던 것이다. 눈앞에서 지워버린다고 해결되는 것이 아닌데, 나는 가장 얄팍하고 치사한 방법으로 자신을 속여왔던 것이다. 나는 유튜브 기록 삭제라는 행위에서 나의 고질적인 문제를 발견한 셈이다.

단번에 해결될 일은 아니지만 나는 차근차근 이 괴리를 해결하기로 했다. 괴리를 줄이기 위한 첫 걸음은 내 자신에게 솔직해지는 것이다. 그래서 나는 절대 들여다보지 않는 재미없는 채널을 지워버렸다. 괜히 홀가분한 기분이 들어 우스웠지만 그래도 의미 있는 결단이었다. 다음은 진짜 나를 인정하는 것이다. 오늘도 나는 또 기록을 들여다보며 스스로를 못살게 굴었지만, 최소한 오늘은 기록을 지우면서도 "그래, 재밌긴 했어" 하고 수긍했다. 그래, 여기서부터 시작하면 된다.

같이 보고싶은 영화

　새로운 영화를 내려 받다가 문득 생각했다. 영화를 그렇게도 좋아하던 너인데. 그런 네가 한 번만 같이 보자며 틀어줬던 수많은 영화를 나는 그저 흘겨보고 지나쳤다. 분명 좋은 영화들이었을텐데. 네가 소개해주고 싶은 영화였으니까. 왜 나는 다 지나쳤을까.

　그 아이는 영화보기를 참 좋아했다. 안목도 제법 좋았다. 그리고 자주 나에게 같이 보자고 권했었다. 나도 영화는 즐겨보는 편이지만 그와 취향이 좀 달랐다. 그렇다 보니 처음 한두 번은 같이 앉아 열심히 봤지만 재미없는 영화를 잠자코 보는 것이 마음처럼 쉬운 일은 아니었다. 그래서 "싫어. 혼자 봐" 하고 거절한 적도 많다. 그때마다 못내 아쉬워하던 얼굴이 이렇게 오래도록 내 마음에 남을 줄은 몰랐다.

알고 있다. 사실 그의 추천 영화가 객관적으로 좋은 영화인지 아닌지는 중요하지 않다는 것을. 영화는 그저 하나의 매개체일 뿐 나와 함께 순간을 공유하고 싶었던 그 마음이 중요하다는 것을. 이유야 어찌됐든 그가 나를 생각하며 고른 영화였는데, 한 번쯤 더 참고 볼 걸. 영화를 고르며 기대했을 그 마음이 예쁘다고, 고맙다고. 그래서 네가 골라준 영화가, 네가 고른 영화라서 의미있다고. 한 번이라도 더 말해줬다면 좋았을텐데. 그게 아직까지도 나는 문득문득 아쉽다.

그래서 나는 그때보다 자주, 더 작은 것에도 늘 고맙다고 말하려고 애쓴다. 비록 그것이 나에게 만족스럽지 않은 것이라도, 날 생각한 그 마음에 혹시 아쉬움 서운함 남을까, 가능한 함께 하려고 노력한다. 앞으로도 나는 자주 말할 것이다. 고맙다고. 같이 보자고, 같이 하자고 해줘서.

습관적인 후회를 버리고

 내가 그 아이를 그리워하고, 우리가 좋았던 그때를 아쉬워하고 돌이키고 싶어하는 본질적인 이유는 뭘까? 내가 이상적이라고 생각하는 모습으로 흘러가지 않은 상황들이 아쉬워서일까?

 사랑한 사람이 있었다. 꽤 오랜 시간을 함께 하면서 우리는 감정을 앞세워 여러 문제를 직시하지 못하고 덮어뒀었다. 그 문제들은 결국 어긋난 모습, 어긋난 현상들로 여기저기서 터져 나왔다. 그 과정에서 나는 상황을 직면하지 못하고 도망치거나 상황을 방치하고는 그럴 만한 이유가 있을 거라고 자신을 합리화하며 내 선택의 결과를 그에게 떠넘겼다. 그리고 그가 무너지는 걸 방관했다. 극복하지 못한 문제가 많았지만, 결과적으로 우리가 헤어진 데는 당장의 상황을 모면하기 바빴던 나의 비겁한 이기심이 큰 영향을 미쳤을 것이다.

 그렇게 우리가 헤어진 후 한동안은 괜찮은가 싶었지만, 시간이 지날수록 나는 지난 날의 내 모습과 내 선택들이 후회됐다. 그래서 오래도록 그를 마음속에 붙들고는 틈날 때마다 들춰내서 아쉬워하고, 미안해하고, 아파했다. 나는 이미 그를 오래 전에 잃었는데, 여전히 잃고 있었다.

 이제는 정말 온전히 그를 잃어야 했다. 그때의 우리와 그를 놓지 못한다는 것은 여전히 내 후회 속에 그것들을 가둬 둔 것이나 다름없다.

 그에 대한 그리움도 아픔도 미안함도 미련도 모든 것이 너무 오래 반복돼 습관적으로 변해갈 때 즈음 나는 문득 그런 생각이 들었다. 학습된 그리움을 내 감정을 소모할 도구이자 대상으로 이용한 것은 아닐까 하는. 그저 맹목적으로 그리워야 할, 미안해할 대상으로 그와의 일들을 자꾸만 끄집어내고 있는 것은 아닌가 하는 생각. 그렇게 생각하자 무서웠다. 그에게 끝까지 나는 예의와 존중이 부족한 사람이구나 하는 생각에. 그래서 멈추기로 했다. 하도 들춰내서 이제는 닳고 닳은 첫사랑의 기억, 그만 꺼내 보고 마음 한 켠에 잘 담아 소중히 간직하고자 한다.

 그동안 자꾸만 뒤돌아보며 너를 소모해서 미안했어. 서로가 아픔으로 기억되지 않기를 바란다던 너의 말처럼, 서로가 전부인 세상이 있었음에 감사하며 앞으로 나아가는 내가 될게. 이제는 정말로 그렇게. 소중한 친구이자 연인이었던 너, 마주할 모든 순간 안녕하길.

포기하는 것이 익숙해져서

나는 언젠가부터 포기하는 게 익숙해져 버렸다. 왜 이렇게 포기가 쉬워졌을까. 포기하고 주저앉는 것에 길들여진 것 같아 두렵고 싫다.

긴 유학생활을 통틀어 대학교 졸업까지 이렇다할 큰 실패를 경험한 일 없이 무난히 흘러왔다. 그렇기에 대학원에 입학할 때까지만 해도 나는 자신감에 차 있었다. 하지만 대학원에 입학하고 얼마 지나지 않아 나를 가장 동요하게 한 큰 좌절을 맛봤다.

하필 우리 기수는 소위 '엘리트'들의 집합체라고 불릴 만큼 출중한 사람들이 가득했다. 나는 일어 통역을 전공했는데, 동기들 모두가 실력이 상당했다. 이미 오랜 통역 실무 경험이 있거나 일본에서 유학해 로컬 못지않게 유창한 일어를 구사하는 등 뛰어났다. 반면, 나는 대학을 졸업하자마자 들어온 아마추어였다. 아무 경험도 없는 내가 이들과 보조를 맞춰 수업을 잘 따라갈 수 있을까 하는 걱정이 앞섰고, 그 탓에 첫 수업부터 나는 덜컥 겁을 먹고 위축되기 시작했다. 경쟁에서 이기기는 커녕 버텨낼 자신도 없었다. 그렇게 첫 학기는 정말 힘겹게 보낸 것 같다.

결국 나는 이런저런 핑계를 만들어 휴학이라는 선택을 하게 되었다. 잠시 도망친 것이라고 하는 것이 맞겠다. 1년을 쉬고 다시 대학원으로 돌아왔지만 나는 1년 전 느꼈던 그 두려움을 극복하지 못한 채 다시 공부에 임해야 했다. 자신에 대한 믿음을 잃은 채로 무언가를 한다는 것은 힘든 일이다. 어찌어찌 석사과정을 다 마치긴 했지만 공부하는 내내 초라한 마음과 경쟁에서 밀리고 있다는 패배감, 내 자신에 대한 실망과 좌절감을 느껴야 했다.

2년동안 좌절을 경험하면서 나는 타협을 학습했다. 타협은 꽤나 편리했다. 상황이 이러니까, 남들이 월등히 잘하니까, 시간이 모자랐으니까, 난 어리니까 등등 나의 부족함에 다른 이름을 붙이고 다른 옷을 입혀주었으니 말이다. 하지만 모든 드라마 클리셰에서도 볼 수 있듯, 사람은 '진짜 자신'을 부정당할 때 불편함과 혼란을 느낀다. 나는 내가 입혀 놓은 옷이 마음에 들면서도 한 편으로 싫었다. 내 바닥을 적나라하게 마주할 자신이 없어 얄팍한 천 조각 뒤에 숨었지만 보고싶기는 했다. 그리고, 봐야만 한다.

여전히 나는 어려운 선택을 해야 할 때나 감당해야 할 책임이 큰 어떤 일을 맡을 때 겁부터 먹는다. 어떤 것에 새로 도전하는 게 조금 무섭고, 조금만 버거워지면 일단 도망칠 구실부터 만들고 있는 나를 발견하게 된다. 그게 바람직하지 않다는 걸 아는데도, 패배를 맛 본 내 마음은 늘 경고음을 울린다. 이러다 또 실패하면 어쩌려고.

그래도 최소한, 이제 나는 내가 입은 옷이 맞지 않는 옷이라는 것을 인지하고 있고, 그 옷을 벗어야 내가 편해진다는 것도 알고 있다. 거기서부터 시작하면 된다.

휘발되지 않고 남아주기를

 나는 요즘도 필기할 일이 있으면 꼭 공책에 한다. 이건 단지 내 생각이지만 글자를 꾹꾹 눌러 쓸 때, 내가 써 내려갈 문장에 조금 더 책임감을 더한다는 느낌이 든달까. 평소 우리가 주고받는 대화는 논외로 치더라도, 무언가를 기록할 때는 꼭 공책을 쓴다. 너무 쉽게 글을 쓸 수 있고, 또 지울 수도 있게 되어서인지 말의 무게가 가벼워진 것 같다는 느낌을 자주 받는다. 나부터도 공책과 노트북에 생각을 적을 때 글의 톤이 사뭇 달라진다.

 가끔 내가 느낀 것을 친구에게 혹은 내 일기장에 털어놓을 때가 있다. 톡 메신저로 친구에게 이런 걸 느꼈어, 저런 걸 봤어 하고 설명할 때는 나도 모르게 타자 속도가 빨라진다. 내 머리가 직접 대화하는 것과 유사한 방법으로

소통하고 있다고 인식해서인지, 점점 설명하는 속도가 빨라지고, 그만큼 생각도 정제를 거치지 않고 날 것에 가까운 채로 쏟아내게 된다. 그리고 다 쏟아내고 나면 그 감정도 같이 소모되어 날아가버린다. 지나고 나면 왜 그렇게 열을 올리며 얘기를 한 건지 기억이 잘 나지 않기도 한다. 단순히 상황 묘사가 아니라 정보를 기록할 때도 그렇다. 반면, 일기장에 쓸 때는 펜을 들고 한참을 생각하다 몇 문장 쓰고, 또 조금 텀을 두고 문장을 꾸려서 쓰기를 반복한다. 그 과정에서 나는 그 일을 여러 번, 그리고 찬찬히 세세하게 다각도로 다시 관찰하게 된다. 그래서인지 일기에 쓴 일은 첫 문장만 봐도 이게 어떤 일인지, 그때 어떤 기분을 왜 느꼈는지가 바로 떠오른다. 노트 필기도 마찬가지다.

어디에 기록하든 그게 뭐가 중요하냐고 생각할 수도 있지만, 나는 우리가 보고 느낀 것들이, 그리고 그걸 담아낸 말들이 쉽게 휘발되어 사라지지 않았으면 하는 바람이 있다. 단순히 기억력 향상에 도움이 되는 기록을 하자- 그런 의미에서 하는 말은 아니다. 나는 그런 감각과 기억이 쌓이고 쌓여 나만의 정취를, 감수성을 만들어 준다고 생각하기 때문이다. 마구 쏟아내고 소모해버리는 것도 좋지만, 잔잔하게 여운을 남기는 기억을 늘려가는 것도 좋지 않을까. 그런 의미에서, 지금 공책에 뭐라도 한 번 적어보면 어떨까.

책임을 다하는 사람

 대화를 나눌 때 가슴이 답답하고 소통이 원만하게 이루어지지 않는다는 느낌을 받을 때가 있다. 내 머릿속에서는 '아니, 그건 내가 하려던 말과 전혀 다른 의미인데?' 내지는 '나는 그 말에 동의하지 않아', '너는 날 하나도 이해하지 못했어'와 같은 생각이 떠오른다. 하지만 입은 꾹 다물어진 채 말을 꺼내 놓지 못한다. 어떤 생각이 떠오르면 반사적으로 '이 사람이 내 말을 어떻게 들을까? 내 말에 화를 내면 어떡하지?' 하고 상대를 살피게 되기 때문이다. 처음에 나는 이것을 상대를 배려하는 일이라고 생각했다. 하지만 지나고 보니, 그건 양쪽 모두에게 좋은 일이 아니라는 걸 깨달았다.

 나는 내가 하고 싶은 말을 다 하지 못해 마음에 응어리가 지고, 그 사람은 내 입장을 제대로 이해할 기회를 빼앗겼기 때문이다. 다시 짚고 넘어가지 않는다면 그 사람은 영영 내가 무엇을 싫어하고, 무엇에 동의하는지 알 수 없을 것이다. 나는 내가 말하지 않기로 선택했을 때 이러한 결과를 초래할 것을 알아야 한다. 아니, 어쩌면 알더라도 그렇게 흘러가게 두는 걸 선택한 것인지도 모른다.

중요한 것은 선택의 결과는 어떻게든 나온다는 사실이다. 어떤 모양으로든 결과는 결국 만들어진다. 이를 그대로 받아들일 수 있다면 문제 될 것이 없다. 다만 문제가 되는 이유는, 내가 이 선택의 결과를 받아들이지 못하기 때문이다. 다시 말해, 문제는 선택의 결과를 책임지지 못한다는 데 있다.

어떤 사람과 대화하던 중 서운한 일이 있었다. 나는 분명 서운했지만, 그렇지 않다고 말했다. 그걸로 상황을 넘어갔다고 생각했으나, 사실은 말만 그랬을 뿐 온몸으로 나의 불편함과 서운함을 뿜어내고 있었다. 불편한 기류가 꽤 지속됐을 때 그 사람이 말했다. "차라리 불편한 게 있다고 말해. 그렇지 않다고 말할 거면 그 말에 책임지고 내색하지 말든가. 넌 지금 네가 말한 것에 책임을 못 지고 계속해서 티를 내고 있잖아."

들을 당시에는 그 말이 퍽 야속하게 들렸지만, 곰곰이 생각해보니 '배려'와 '말'이 나의 비겁함과 솔직하지 못함을 감추는 수단으로 쓰였다는 것을 일정 부분 인정해야 했다. 나의 불편을 솔직하게 마주하고 해결하지 못했다. 그리고 그런 나 자신을 남에게 알아서 감당하라고 내던졌다.

이날 이후 나는 감정이 상하거나 대화가 잘 풀리지 않을 때면 '내가 정말 원하는 게 뭐지?' 하고 마음속으로 자문하는 버릇이 생겼다. '피하는 게 상책'일 때도 있다고 믿던 나는 이제 '두려움은 직시하면 그뿐'이라는 생각을 더 자주 하려고 노력한다. 사람의 기질과 오랜 습관이란 그리 쉽게 바뀌는 것이 아니라지만, 연습을 거듭하다 보면 어느 순간 불편한 상황에 맞닥트렸을 때 지금까지와는 다른 방법으로 상황을 타파할 수 있지 않을까, 하는 기대를 걸어 본다.

너로 인해 나는

잠든 너의 머리칼을 쓸고 싶은 마음에 손을 올렸다가, 네가 깰까 봐 꾹 참고 손을 내리며 사랑의 거리를 배운다. 출발선 밖으로 튀어 나가는 달리기 선수처럼 느낀 것들을 드러내 보이기 급급하던 나는, 가만히 서서 숨을 고르는 것도 중요한 과정임을 배운다. 곤히 잠든 너를 깨우지 않기 위해 손을 내리며, 참는 것 또한 사랑의 방식임을 새삼 깨닫는다. 내 욕심을 내세우지 않고 너를 아끼는 거리를 배운다. 가까이 붙어 있을 땐 그저 나의 마음만 보였는데, 한 걸음 물러서니 네가 보인다. 거리가 벌어지면 생겨난 공간만큼 멀어질 뿐이라 여겼는데, 애틋함이 여백을 채운다. 너를 만질 때 느껴지는 체온과는 다른, 어쩌면 그보다도 따뜻한 무엇을 느낀다.

천 원도 안 하는 음료수 한 잔 사 마시며 세상을 가진 것처럼 만족스러운 표정을 짓는 네가 좋다. 순진하고 천진한 그 모습이 나까지 절로 웃음 짓게 한다. 따라 웃다 보면 작은 순간에 큰 감사함을 느낀다. 저녁에 먹을 채소를 손질하며 나에게 만져보라고 내보이는 너, 이런 걸 만지며 살아야 한다고 즐거워하는 네가 좋다. 자연과 어우러져 살아야 한다고 사뭇 진지하게 말하는 그 모습이 웃겨 웃음이 터진다. 소소한 많은 순간, 나는 너에게서 행복을 발견한다.

언어는 다양한 형태로 구사된다. 언어는 입을 통해 나오는 것에만 한정되지 않는다. 네 손을 잡고, 널 안고, 같이 시간을 보내는 것. 그리고 내 일을 하고, 나를 돌보고, 나를 즐겁게 하는 일에 집중하는 것. 이 행위들은 자칫 산발적이고 개별적인 것들로 보일 수 있지만 사실은 명확한 한 가지 의미를 담은 언어의 표현이기도 하다.

내가 나로서 오롯이 존재할 때, 내 삶이 확신과 자신감으로 충만할 때, 비로소 여유와 관대, 이해와 수용이 가능하다고 믿는다. 그때야 비로소 두려움이나 애착에 기반한 불안정한 것이 아닌, 진정한 의미의 '사랑'을 줄 수 있다고 믿는다. 그래서 나는 너와 가까워지기 위해 나 자신에게 가까워지는 노력을 쉴 수 없다. 내 삶에 집중하는 모든 순간이 곧 너에 대한 고백이자 사랑임을.

너로 인해 나는 배우고, 느끼고, 또 발견한다.

윤
우
진

저는 현재 회사원이자 글과 음악을 사랑하는 삼십 대 청년입니다. 취업 준비에 치여 여태까지 글의 재미를 모르고 취업 서적 외에는 소설책 한 권 읽지 않았던 저이지만 최근 우연히 독서 모임에 참여하고 나서는 책 읽고, 글 쓰는 재미에 푹 빠져버려 지금은 독서와 글쓰기 광이 되어버렸습니다. 책에 빠지고 나서는 힘든 순간에 책이 전해주는 따뜻한 위로와 용기의 문장에 가슴 뛰었습니다. 이처럼 제가 쓰고 싶은 글은 제가 힘든 순간 나에게 힘이 되던 글귀처럼 사람 마음을 치유하고, 힘을 줄 수 있는 글입니다.

감사합니다

　그저께 책상을 뒤적이다 6년 전에 사놓은 자기계발 서적을 발견했다. 그 책은 나의 길고, 외로웠던 수험생활에 한 줄기 빛이 되어주었던 책이었다. 그때를 생각해보면 앞날을 예측할 수 없는 수험생 신분이기에 지금보다 더 힘들었고, 고독했던 것 같다.

　이 책은 모든 상황에 '감사'해하면 모든 문제가 마법처럼 뚝딱 해결된다! 라는 아주 허무맹랑한 내용이었다. 그러나 정말 내용이 말도 안 되고 허무맹랑한 이야기였을지라도 나는 그 내용을 믿을 수밖에 없었다. 하루하루가 너무 힘들고 절망적이었기에 그런 희망이라도 없다면 하루도 살 수 없을 것 같았으니까 그래서 그냥 무작정 믿고 행동으로 옮기려 했던 것 같다.

아침에 일어나서 저녁에 눈 감을 때까지 '감사합니다.'라는 단어를 입에 달고 살았다. 감사한 맘이 없더라도 닥치는 대로 눈에 보이는 것에 맘을 짜내어 억지 감사를 말하고 다녔다. 그런데 그 해에 3개월쯤 지났을까 우연이었을지는 모르겠지만 이 허무맹랑한 믿음이 절망에서 나를 끌어내 주었다. 5년간 준비했던 공무원 시험 합격! 실패만 반복하던 내가 이룬 인생의 첫 성공이었다.

그러나 첫 성공의 기쁨에 너무 도취하여 있었던가… 그 뒤로 9년이라는 시간이 흘렀고, 나는 한동안 그때의 간절함, 기적을 이루는 방법을 까맣게 잊고 살았다. 또다시 우연의 일치였을까? 그 방법이 완전히 내 머릿속에 지워졌을 때 또 힘듦이 찾아왔다. 지금의 나도 그때의 나만큼 힘들다. 무엇 때문에 힘든지 모르겠고 그냥 힘들다. 하루에 주어진 일이 버겁고, 생각지도 못한 다른 문제들이 나를 괴롭힐 때도 많다. 그때만큼 시험의 합격이라는 무엇인가를 이루기 위해서는 아니지만 조금이라도 겸손하고 행복하게 살기 위해서 '감사'라는 마법의 주문을 다시 외워보고자 한다.

감사하다… 나의 슬펐던 그리고 아름답던 과거에…

감사하다… 불투명하지만 설레기도 한 다가올 미래에…

감사하다… 너무나도 견디기 힘든 한편으론 행복함이 가득한 현실에…

어떤 것이라도 모두 다 감사하다.

예전 어느 강연 프로그램에 박신양 배우가 나와 했던 얘기가 생각난다. 그가 대학교를 졸업한 후, 러시아로 유학하러 가서 힘들었던 시절을 겪었을 때 그는 너무 답답한 나머지 자신의 담당 교수님에게 찾아가 "교수님. 제 인생은 왜 이렇게 힘든가요?"라고 물었다고 한다. 그 질문에 교수님은 대답 대신 러시아 시집을 건네주었다. 그 시집의 내용 중에서 "당신의 인생이 왜 힘들지 않아야 한다고 생각하십니까?"라는 구절을 읽고, 큰 깨달음을 얻었다고 한다.

인생을 생각해봤을 때 힘든 순간이 절반 즐거운 순간이 절반이다. 아니 힘든 순간이 더 많을 수도 있다. 그러나 힘들면 내 인생이 아닌가? 어떤 때는 즐거울 때 보다 힘들 때가 더 많은 것이 바로 인생인데, 그 힘든 시간을 사랑하지 않으면, 나는 내 인생을 사랑하지 않는다는 것이 된다고 생각이 들었다고 한다. 힘들다고 내 인생이 아닌가? 힘든 순간의 인생까지 사랑하고, 감사하는 나의 인생을 살아보는 건 어떨까?

No pain Much gain

No pain No gain은 진리일까? 한때 내가 즐겨보던 농구에 관련된 TV 예능프로그램이 있었다. 그 프로그램은 농구 레전드 서장훈 님이 나와 연예인 농구단을 이끌어 가는 내용이었는데 원래 농구에 관심이 있어서 프로그램에 눈길이 간 것도 있지만 예능인 '서장훈'님이 아닌 농구인 '서장훈' 선수란 인물에 대해 더욱 관심이 가서 보게 된 것 같다.

농구에 관심이 조금이라도 있는 사람은 농구인 '서장훈' 선수가 얼마나 대단한 선수였는가를 잘 안다. 지금 예능에서 보여주는 약간의 허술한 이미지와는 달리 그는 선수 시절 늘 냉철하고 진지하였으며 코트 위에선 웃음기 하나 찾아보기 어려웠고, 빈틈 또한 없었던 완벽한 선수였던 것으로 기억한다. 평소 방송에서 '결벽증'이 있다고 여러 번 밝

했듯이 그의 완벽을 추구하는 스타일이 코트 위에서 그대로 나타나는 것 같았다.

그런 그였기에 경기 후 인터뷰나 스포츠 뉴스 인터뷰에서도 늘 냉정을 지키며 경기 외적인 부분에 대해선 좀처럼 말하지 않았다. 그래서 그가 어떤 사람인지에 대해선 들을 기회가 없었고, 솔직히 열성 팬은 아니었기에 더 궁금해하지도 않았다. 그런데 그가 농구선수로서 삶에서 은퇴하고 어느 TV 프로그램에서 강연하는 모습을 우연히 봤다. 그때 나는 그 강연에서 그가 하는 말을 듣고서는 엄청나게 충격을 받았었다.

"여러분 나는 농구를 하는 동안 '단 한 순간'도 즐긴적이 없습니다. 즐기는 사람을 이길 자가 없다고요? 다 거짓말입니다. 저는 즐거서 되는 걸 단 한 번도 본 적이 없습니다."

평소 자기계발 서적을 즐겨 읽던 나에게는 성공을 위해선 내가 '즐길 수 있는 일'을 찾아야 하고, 어떤 일이든 매사에 즐겁게 임해야 한다는 것이 진리였다. 그러나 그의 말은 나의 이런 낭만적인 생각에 균열을 가져왔고, 그 말을 듣고선 며칠 동안 머리가 멍해졌던 기억이 있다. 물론 얼토당토않은 소리였다면 그냥 듣고 흘려보냈겠지만, 그의 이야기에 나도 어느 정도는 공감이 되었었기에 그 이야기는 쉽게 머릿속을 떠나지 않았다. 돌이켜보면 나 또한 무엇인가를 이루어 내기 위한 노력을 퍼부었던 수험 시절이 즐겁진 않았다. 시험에 간신히 합격한 것은 서장훈 씨의 성공에 비하면 아주 작은 성공이지만 그것을 이뤄내기 위한 과정은 매 순간이 고통이었던 것 같다.

'하… 뭐지? 성공하려면 즐기면서 즐겁게 성공할 수는 없는 건가? 애당초 그런 일은 존재하지 않는 것이었나?' 머릿속으로 정리하여 스스로 결론 내리기 전까진 그간의 믿음에 대한 배신감과 허무함이 계속되었던 기억이 있다. 서장훈 씨 말처럼 한 분야에서 성공하려면 뼈를 깎는 노력이 필요한 것은 사실이다. 그러나 그 노력이 이어지는 과정에서 성취감이나 뿌듯함 없이 과정 자체가 매 순간 고통으로

만 가득 차 있다면 그 일을 지속할 수는 없을 것 같다. 노력에도 단계별로 성취감을 얻을 수 있는 지점이 분명 존재한다. 그리고 어느 일이든 어느 수준까지 올라가면 그 일을 내가 잘할 수 있게 되고, 또한 내가 잘하기 때문에 자신감을 가지고 그 일을 처음 시작했을 때보다 더 즐기면서 할 수 있다고 생각한다.

결론적으로 서장훈 님의 말이 틀리지 않았고, '다만 성공에는 엄청난 노력이 따른다.'는 말을 듣는 이에게 강력하게 전달하기 위해 강한 어조로 말씀하셨을 것으로 생각한다. 그분도 선수 시절에는 노력을 통해 얻는 성취감, 가령 슛 10,000개를 던지고 슛 실력이 향상되는 데서 오는 뿌듯함과 성취감에 취해 더욱더 노력했을 것이고, 어느 시점에 다다라서는 본인의 실력이 다른 선수에 비해 훌륭하다는 데서 오는 자신감 또한 느꼈을 테니까…

나 또한 수험시절을 돌이켜보면 도서관에 가기 싫어서 울면서 가는 날도 있었고, 점수가 나오지 않는 날에는 나를 자책하는 날도 있었기에 수험생활은 고통의 연속이었다는 기억이 강하게 남아있다. 그러나 그 기억 뒤편에는 하루 공부 목표를 채웠을 때 느꼈던 성취감, 공부 실력이 향상되면서 오는 점수상승을 보며 자신감 또한 생겨났던 것 같다. 그리고 그 성취감과 자신감이 시험 날까지 나를 이끌어 갔다.

나는 No pain No gain이라는 아주 냉철하면서 현실적인 말을 좋아하지 않는다. 아직까진 "정말 좋아하는 일은 힘든 과정이 있을지라도 그 또한 즐기면서 성공할 수 있다."는 No pain Much gain이라는 낭만적인 말을 더 믿어보고 싶다.

비움

예전 공무원 시험공부를 하고 있을 때 제가 듣던 강의에서 강사분께서 이렇게 말씀하신 적이 있습니다.

"보통 오래 공부했고, 시험 경험이 많은 수험생이 시험에 유리할 것 같지만 실상은 그렇지 않아요. 합격자 수를 놓고 보면 오래도록 준비한 수험생보다 새로 시작한 수험생이 합격 확률이 더 좋습니다."

강사분께서 그렇게 말씀하신 이유인즉슨, 기존의 자기 경험과 생각이 너무 강하면, 자신이 원래 하던 방식을 더 좋게 생각하여 다른 좋은 이야기가 있어도 받아들이지 않고 자신의 것만 고수한다는 것입니다. "이건 이렇게 해야 하는데? 이건 왜 이렇지? 이렇게 하면 더 나은 것 같은데?"

하면서 자신 기존의 것을 내려놓지 않고, 다른 사람의 좋은 의견도 쉽게 받아들이지 못하게 된다는 것입니다.

이렇듯 어떻게 보면, 어떤 일을 미리 겪어 봄으로써 그 경험에서 지식이나 정보를 얻게 되기도 하지만 동시에 그 경험이 자신을 어떤 틀에 가두기도 하는 것입니다. 사실 더 좋은 방법이 있으면 받아들이고 배우면 더 쉬운데, 배우지 않으려고 하는 마음이 문제인 것이지요. 어떻게 보면 그런 기존의 머릿속에 있는 정보들이 의사결정에 큰 도움이 되기도 하지만 한편으로는 다른 무언가를 받아들이는 데 큰 걸림돌이 되기도 합니다.

그림을 그릴 때 어떤 도화지가 좋을까?
무언가 잔뜩 그려진 도화지?
아니면 깨끗한 흰 도화지?

흰 도화지에는 화가의 마음을 그대로 표현하면 되지만, 이미 그려져 있는 도화지에 그림을 그리려면 그것을 지우는 시간과 수고가 필요합니다. 그리고 잘 지워지지도 않지요. 이렇듯 새로운 것을 받아들이려면 나를 깨끗이 비운 상태가 되어야 합니다.

바다에 사는 소라 역시 자신을 비우고 파도를 채웁니다. 소라는 자신을 비워야만 파도로 채울 수 있습니다. 우리의 마음도 그렇습니다. 내 것이 비워져야만 새로운 다른 것을 받아들일 수 있는 것입니다. 어떤 일이 잘 풀리지 않고, 앞으로 나아가지 않는다는 느낌일 때 나의 것을 비우고, 새로운 것을 받아들일 준비를 해보는 것은 어떨까?

뻔한 날

뻔한 날은 단 하루도 없었어. 지금껏 힘든 날도 슬픈 날도 많았지만, 살다 보면 가끔 그렇게 재밌는 일들이 벌어지곤 해. 네가 온 이후론 더 그렇네. 가슴 뛰는 하루하루야. 혹시 아니? 살다 보면 너한테도 가슴 뛰게 해주는 일들이 생길지.

위의 대사는 내가 가장 좋아하는 웹툰 〈이태원 클라쓰〉에서 남주인공이 삶의 의미를 찾지 못하고 방황하는 여주인공에게 해주는 대사이다. 이 작품에 나온 수많은 명대사 중에서 나에게 가장 울림을 준 대사였다.

직장에 들어온 지 9년 차, 돌이켜보니 하루 하루가 똑같고 지루한 일상의 반복이었다. 처음에 입사했을 땐 내가 하는 일이 신기하고 새롭고, 일할 직장이 있다는 것에 감사한 맘까지 들었었다. 그러나 한 2년 정도 지났을까 처음에는 감사한 맘으로 신나게 하던 새로운 일, 그리고 함께 일하는 사람들과의 관계가 시시하고 지루해졌다. 그 지루함이 계속돼서 나는 점점 지쳐가게 되었다.

왜 이렇게 인생이 지루하고, 시시할까? 새롭고 재밌는 것이 없을까? 라는 생각이 들 무렵 〈이태원 클라쓰〉라는 웹툰을 보게 되었다. 지루한 내 일상에서 웹툰 속의 주인공이 주는 대사 하나하나는 시시해진 내 일상을 탈출해 볼 용기를 주기에 충분했다. 주인공이 하는 말을 듣고서 매일 똑같다고 생각하는 하루도 들여다보면 달랐고, 똑같은 하루를 선택하는 건 현재에 익숙해져서 변화하기 싫어진 내가 아닐까 하는 생각이 들었다.

이런 생각이 든 이후로는 하루에 사소한 것이라도 변화하고, 어제와는 다르게 살아야겠다는 생각이 들었다. 엄청 대단한 변화보다는 사소한 것부터 변화해야겠다는 다짐을 했다. 가령, 오늘은 밥 먹는 손을 바꿔 본다든가… 오늘은 익숙한 퇴근길을 바꿔 본다든가… 머리 가르마 방향을 바꿔 본다든가…

매일의 일상에서 이렇게 사소한 것이라도 바꾸고 나면 오늘의 하루가 어제와는 달라지고, 그것으로 인해 새로운 풍경, 상황이 펼쳐지기도 한다. 밥 먹는 손을 바꾸면 그 변화가 어색해서 더 집중해서 숟가락을 쥐게 되고, 더 천천히 음식을 먹게 된다. 그러다 보면 식사에 더 몰입하게 되어 음식의 풍미를 더 느낄 수 있고, 천천히 먹게 되어 소화도 더 잘된다. 익숙한 퇴근길을 바꿨더니 여태 몰랐던 맛있는 빵집을 발견하게 되어, 그날은 기분 좋은 하루가 되었고, 그 후로 단골 빵집이 되어버렸다.

직장을 이직한다거나 휴가를 가야만 하루가 특별해지는 것이 아니었다. 어제와 다르게 아주 살짝만 변화를 준다면 하루는 더 특별하게 바뀔 수도 있다. 당장 변화 하고 싶으면 그렇게 큰 결심이 필요하지 않다. 티끌만큼 아주 작은 변화가 하루의 변화를 가져올 수 있다. 이렇게 하루하루 변화하는 삶이 쌓여서 내 인생의 큰 변화를 가져올지도 모른다.

당신도 작은 변화로 뻔한 하루를 특별한 하루로 만들어 보길.

이윽고

 '이윽고'로 시작하는 노래로 유명한 성시경 님의 〈너의 모든 순간〉이라는 노래는 내가 즐겨듣는 노래다. 워낙 노래도 좋고, 성시경 님이 잘 부른 것도 있지만 무엇보다 가삿말이 예쁘고 좋다. 가삿말 중에서도 '이윽고'란 단어는 뭔가 아련하면서도 생각에 잠기게 한다.

 나는 힘든 일이 있을 때마다 한 번씩 신이시여!를 외치곤 했는데 신을 찾아 외칠 때마다 과연 신이란 존재가 있을까? 라는 생각이 들었다. 부처님, 예수님, 그리스 로마신화에 나오는 '신'말이다. 그럴 때마다 신이 꼭 존재했으면 했고, 이윽고 시간이 지나면 그런 생각은 잊히고 다시 떠오르기를 반복했다. 그러던 어느 날에 아버지를 하늘로 떠나보내고 슬픔이 찾아왔을 때 나는 또다시 신을 찾게 되었다. 신이시여! 왜 나에게만 이런 시련을 줍니까……라고 생각하며 슬픔에 잠겨있을 때 조문을 온 친구 녀석은 '시간이 지나면 좀 괜찮아질 거'라는 위로의 말을 건네 주었다.

그렇게 이윽고 시간이 흘러 잊혀질 것 같지 않던 슬픔은 무뎌져서 가슴 한구석으로 숨길 수 있게 되었고, 친구 녀석의 위로처럼 나는 좀 괜찮아졌다. 이런 일을 겪고 보니 나는 신이란 존재는 멀리 있지 않고, 가까이 우리 곁에 늘 함께하는 '시간' 그 자체가 아닐까 하는 생각이 들었다. 시간은 우리가 좋든 싫든 계속해서 흐른다. 어떨 때는 아쉬울 만큼 쏜살같이 지나가기도 하며, 어떨 때는 너무 지루하게 지나가기도 한다. 시간은 이렇듯 멈추지 않고 우리의 고민과 걱정을 쓸어가고, 우리를 새로운 상황과 인연 앞에 데려다 놓는다. 아무리 절망적인 상황이라도 시간은 이윽고 흘러 우리를 그곳에서 꺼내 주고, 또다시 우리를 희망 짓게 하고 웃게 할 것이다. 그리고 우리가 꿈꾸는 대로 시간은 이윽고 흘러 우리가 꿈을 실현해줄 것이니 시간이 정말 신이라는 생각이 든다. 시간이란 신은 모두에게 공평하게 주어졌고, 이 시간을 어떻게 믿고 활용하느냐는 각자에게 달린 것이다.

이윽고 시간이 지나면 이별이 왔고,
이윽고 시간이 지나면 새로운 만남이 왔다.
이윽고 시간은 흘러 상처를 치유해줬고
이윽고 시간은 흘러 새로운 행복을 가져다줬다.
시간은 이윽고 흘러 바라던 꿈을 이뤄주었고
시간은 이윽고 흘러 나를 웃음 짓게 한다.
이렇게 나는 시간의 힘을 믿어 본다.

비교

김 과장이 비트코인으로 2억원을 벌었대…….
친구가 부동산 대박이 나서 10억을 벌었대…….

요즘 주변에서 흔하게 들려오는 이야기이다. 주위에 경제적으로 성공하는 사람들이 점점 많아지고 있다. 회사 생활만 열심히 하는 나로서는 왠지 모르는 패배감이 느껴지고 이렇게 살아가는 것이 맞나 하는 고민도 하게 된다.

당장에 돈도 안 되는 글쓰기, 딱 치킨값 정도 버는 재테크의 귀여운(?)돈에는 만족을 잃은 지 오래다. 열심히 일하고 또 일하지만, 상대적으로 가난해진 느낌이다. 최근 들어서는 나 같은 사람들을 일컫는 '벼락 거지'라는 신조어도 생겨났다. 그러다 보니 직장에서 내가 하는 일에 흥미가 떨어지고, 돈은 안되지만 하루하루 보람찼던 글쓰기에도 흥미가 떨어졌다.

예전에는 조그마한 것에도 기뻐할 줄 아는 사람이었던 것 같은데 주변의 대박 이야기에 휩쓸리다 보니 나도 변했다는 것을 느꼈다. 그러다 보니 소소한 행복과 성취감으로 채워졌던 나의 하루가 만족스럽지 않아졌고, 너무 의욕이 떨어진 나머지 무엇이 문제지? 하는 생각을 해봐야 했다. 그렇게 며칠을 영혼 빠진 사람처럼 지내다가 곰곰이 생각해보니 그 문제는 '비교'였다. 최근 들어 여러 대박 소식들을 듣고서 그 사람들과 나를 끊임없이 비교하며 나를 괴롭혀 왔던 것이다. 예전부터 내가 남과 비교당하는 건 물론 남을 다른 사람과 비교하는 것도 끔찍이 싫어했었다. 내가 잘못했을 때 차라리 내 잘못을 지적하고 욕을 하는 건 괜찮지만 다른 사람과의 비교를 통한 비난은 견디기 어려웠다. 그런 내가 스스로 나 자신을 다른 사람과 끊임없이 비교하고 있었으니 당연히 괴로울 수밖에 없었다. 정말이지 '비교'하기 시작하면 끝이 없다. 그러나 살면서 우린 너무나도 많은 '비교'를 하고 살아간다.

  나보다 잘난 사람을 보며 비교하며 좌절감을 느끼기도 하고, 오히려 자극제로 삼고 더 열심히 하기도 한다. 때로는 나보다 힘든 사람과 비교하고 나 정도면 저 사람보단 괜찮지 하며 현실에 만족하기도 한다. 요즘 미디어를 보면 너무나도 잘난 사람이 많다. 이를 보고 내가 그랬던 것처럼 좌절감과 상대적 박탈감을 느끼는 사람이 많으리라 생각한다.

  하지만 이렇게 타인과 비교하면 끝도 없다. 비교해서 더 위로 올라가면 또 나보다 잘난 사람이 있고, 무한 반복일 뿐이다. 이런 비교는 우리에게 스트레스를 주고, 우리가 더 나아가는 데 전혀 도움이 되지 못한다.

  올바른 비교는 남들과의 비교가 아닌 과거의 나 자신과의 비교이다. 어제의 나와 비교해서 오늘의 나는 얼마나 성장했는지 성찰하여, 발전의 기회로 삼는 비교를 해야 할 것이다. 남이 아닌 오로지 나 자신에게 집중하여 보자

팔랑귀

나는 귀가 습자지처럼 얇은 편이다. 그래서 별명도 '팔랑귀'이다. 그런 이유로 대체로 줏대 없다는 말을 듣기도 하고, 사회에서는 각종 사기에 취약하고, 물건을 구매할 땐 '호갱' 당하기 일쑤지만 나는 글쓰기를 비롯한 예술 분야에서는 이런 팔랑귀가 엄청나게 강력한 무기가 된다고 생각한다.

팔랑귀는 남들이 하는 안 좋은 말에도 쉽게 영향을 받기는 하지만 자기계발 서적이나 에세이에서 나오는 말에는 일반 귀들 보다 더욱더 큰 감흥을 받는다. 나는 그 감흥의 여파로 하루 이틀이지만 책에서 해주는 말대로 살아보려고 노력해보기도 한다. 나는 이 팔랑귀 덕에 인생의 방향을 잃었을 때는 감흥을 주는 자기계발서 저자들의 말을 그대로 흡수해 그 방향으로 걸어갔고, 이별의 아픔을 겪었을 때는 훌륭한 에세이스트의 글귀에 크게 위로받았다.

내가 처음부터 자기계발 서적과 에세이를 열심히 읽었던 것은 아니다. 9년 전 군대에서 자기계발 서적만 미친 듯이 읽던 동기 녀석에게 "당연하고 진부한 내용만 적혀있는 그런 책을 왜 읽냐? 도대체 이해가 안 가네."라고 핀잔을 준 적이 있다. 그저 "힘들어도 긍정적으로 열심히 살아라!"라는 이 당연하고 간단한 말을 수백 페이지에 걸쳐 말하고 있는 책을 쓴 작가나 그것을 열심히 읽고 있는 동기 녀석이나 이해하기 어려웠다. 그러자 그 동기 녀석은 내 말에 콧방귀라도 뀌듯 무심하게 한마디 툭 내뱉었다.

"당연한 말이라도 매 순간 까먹으니 계속 읽어야지 인마."

그 순간 나의 팔랑귀가 또 팔랑팔랑하기 시작했다.

그 녀석의 말처럼 당연한 말이지만 늘 잊고 있었고, 어떻게 하면 그렇게 살 수 있을까를 생각해보지 않았다. 그 후로 나는 자기계발 서적과 에세이와 같은 책에 관심을 가지게 되었고, 하나둘씩 찾아서 읽어보기 시작한 것 같다. 책들을 찾아보니 전 세계에는 수백만 권의 자기계발과 에세이 서적이 존재했고, 당연하고 진부한 소리를 수백만 가지의 목소리로 말해주고 있었다. 책을 읽을 때마다 한층 더 성장하는 기분이었고 책을 읽으면서 나도 누군가에게 감흥을 주면 엄청 뿌듯하겠다고 생각하게 되었다. 그때부터 글쓰기에도 관심을 갖게 되었던 것 같다. 당연하고 진부한 소리가 누군가에게 선한 영향을 주길 바라면서 말이다.

생각대로

 그날은 정말이지 생각대로 되는 일이 하나도 없었다. 아침부터 늦잠을 잔 터라 허겁지겁 뛰어온 주차장에는 내 차를 가로막고 서 있는 이중주차된 자동차가 있었고, 그렇게 출근한 뒤엔 상사의 호통까지 들은 터라 누군가 툭 치기만 해도 폭발해버릴 지경이었다. 하루가 빨리 끝나길 바랐지만, 하루를 일찍 마치긴커녕 야근까지 하고 집에 돌아왔다.

 "오늘 표정이 안 좋네."라며 걱정 섞인 안부를 묻는 아버지의 말씀에 고개를 떨구며 "생각대로 되는 일이 하나도 없네요. 아버지"라고 답한 내게 아버지는 말씀하셨다. 살다 보면 생각대로 살아지지 않는다는 생각이 들 때가 많다고 그러나 그 생각을 자세히 들여다보면 우리는 이미 생각한 대로 살고 있는 것이 훨씬 더 많다고 말이다.

돌이켜 보니 그랬다. 생각대로 된 것이 하나도 없다고 생각한 최악의 날에도 나는 배가 고파 밥을 먹고 싶다는 생각에 밥을 먹었고, 회사에 가야겠다는 생각에 회사에 갔었다. 커피 한 잔을 마셔야겠다는 생각에 나는 탕비실에서 커피를 한 잔 타 마셨고, 상사의 호통을 듣고 머리를 식히고 싶은 생각에 하늘을 보러 잠깐 나가 머리를 식히고 돌아올 수 있었다. 퇴근은 제시간에 못 했지만 일을 마치고 집에 가고 싶다는 생각과 함께 집에 안전하게 도착했다. 거기다 집에 도착하면 바로 마시고 싶던 맥주도, 시원하게 마실 수 있었다.

 아버지의 말씀을 듣고 보니 생각대로 되는 일이 하나도 없는 줄 알았는데 돌이켜보니 내가 생각한 대로 이뤄진 일들이 더 많았다. 물론 이렇게 사소한 생각이야 행동으로 옮기기 쉽고 현실에서 이뤄내기도 쉽다. 하지만 큰 생각 덩어리는 한 번에 행동으로 옮기기 어려운 경우가 많다. 그렇다면 행동으로 옮기기 어려워 보이는 큰 생각 덩어리도 작은 덩어리로 쪼개면 실행에 옮길 수 있지 않을까? 내 생각대로 이룰 수 있다는 생각이 중요한 것이니까. 이렇게 하나둘씩 생각한 대로 이뤄지는 경험을 쌓아간다면 나중에는 큰 생각도 현실에서 이뤄낼 수 있는 힘이 생기지 않을까.

많은 성공한 사람들이 '좋은 생각'을 하는 것이 성공에 있어 중요하다고 한다. 처음에는 생각의 관점을 바꾸기 쉽지 않을지라도, 천천히 작은 것부터 바꿔가고 이뤄가면 큰 생각도 생각대로 이뤄지리라 믿는다. 아직 가슴 속에 이루고 싶지만, 한 켠에 보관 중인 꿈이 있는 사람이 있다면 지금 바로 생각하고 작은 일부터 행동으로 옮겨 보는 건 어떨까.

나를 괴롭히는 생각

"아 그때 왜 그렇게 바보처럼 행동했지?"

"앞에 가는 차는 왜 운전을 저런 식으로 하는 거지?"

"오늘 밥은 뭐 먹으면 좋지?"

"내일 회사에서 그 일이 잘못되면 어떡하지?"

우리에게는 눈을 뜨는 순간부터 잠드는 순간까지 많은 생각이 스쳐 지나갑니다. 우리의 머릿속은 한순간도 쉬지 않고 말을 합니다. 이런 잡다한 생각 때문에 우리는 해야 할 일에 집중하지 못하는 경우도 많고, 스트레스를 받아 밤에 잠을 못 이루기도 합니다. 우리의 머릿속에 떠오르는 생각을 멈추기란 불가능합니다. 그렇다면 이런 생각들에 영향을 덜 받을 방법은 없을까요?

마이클 싱어의 〈상처받지 않는 영혼〉이라는 책에서는 이런 생각들에서 벗어나는 간단한 방법 하나를 제시합니다. 떠오르는 생각을 내가 아닌 다른 사람이 말하는 것으로 인격화하는 것이지요. 가령 그 생각들을 쉴 새 없이 떠들기 좋아하는 친구가 하는 말로 생각해 버리는 것이지요. 그렇게 해버리면 머리 아프게 하는 걱정거리는 더 이상 나의 일이 아닌 게 되어 버리지요. 그 걱정거리는 그 친구의 걱정거리가 되어버립니다. 나의 걱정거리가 아니기에 한발 뒤로 물러나서 그 문제를 지켜봄으로써 좀 더 가볍고 객관적으로 바라볼 수 있게 됩니다. 그리고 더 나아가 그 친구에게 걱정하지 말라며 위로의 말도 건네줄 수 있게 됩니다.

더 나아가 이런 접근 방식은 우리를 현재에 머물 수 있게 도와주지요. 우리 머릿속의 그 친구는 우리가 현재에 머무는 것을 좀처럼 용납하지 않습니다. 그 친구가 주로 하는 말은 과거에 대한 후회나 미래의 불안함에 관한 얘기이며, 본인 얘기에 빠져들게 만들어 우리를 후회가 되는 과거의 순간이나, 일어나지 않은 미래의 시점으로 데려가기도 합니다.

실제로 그런 생각이 떠오르면 과거에 대한 후회 때문에 가슴이 저려오기도 하고, 미래에 대한 두려움 때문에 식은 땀이 흐르기도 합니다. 그것이 내가 현재가 아닌 과거나 미래에 머물고 있다는 증거들이기도 합니다. 이렇게 과거나 미래에 머물게 되면 현재 내 주변에서 일어나는 일들에 집중할 수가 없게 됩니다.

이럴 때 현재로 나오는 방법은 의외로 간단합니다. 내가 이 친구의 얘기를 너무 집중한 나머지 과거나 미래에 왔다는 것을 깨닫는 순간 우리는 현재로 돌아오게 됩니다. 생각보다 어렵지 않아요. 밑져야 본전으로 하루만이라도 시도해보자고요. 친구가 또다시 불안하다고, 두렵다고 나에게 말을 걸어오면

괜찮아… 별일 아니야… 라고 따뜻하게 말해줍시다.

꿈

 예전에 시나리오 작성에 관한 수업을 들었던 적이 있는데 최종 과제가 시나리오를 작성하는 것이었다. 시나리오를 전문적으로 배워본 적도 없고 한 번도 써보지 않았었기 때문에 나에게는 큰 도전이었다. 그때 작품의 주제에 대해서 생각해보다가 우연히 가수 박정현 님의 〈꿈에〉라는 노래에 꽂혀 그 가사 내용을 시나리오화했던 적이 있다.

 이 노래의 내용은 사랑하는 연인을 잃은 주인공이 꿈에서라도 연인을 만나기를 간절히 바랐고, 꿈에서 결국 재회하는 내용이다. 가사에서 주인공은 처음에는 꿈에서라도 연인을 만나 마냥 행복하다. 영원히 그곳에 머물고 싶어 하는 한편 사랑하는 연인과 또다시 멀어질까 봐 노심초사한다. 그러나 얼마 지나지 않아 연인과 주인공은 이 재회의 순간이 꿈이란 걸 깨닫고 현실을 직시하고 받아들인다. 그러고는 마지막에 이제 괜찮으니 다신 나타나지 않아도 된다고 하며 연인을 마음속에서 아예 떠나보내 준다.

나는 처음에 이 가사를 듣고 살짝 충격을 받았다. 주인공이 꿈이란 걸 알아차리고 현실로 돌아왔을 때 연인이 없다는 상실감에 더 아프고 힘들 줄 알았는데 주인공은 꿈에서 연인을 재회하면서 마음의 위로를 받고 연인에게 진짜 안녕을 고한다. 꿈에서의 만남이 현실에서 연인을 잊고 마을을 정리하는 데 긍정적인 역할을 한 것이다.

이처럼 우리가 잘 때 꾸는 꿈은 간혹 상처를 치유해주기도 하고, 현실에서 더 나은 삶은 살 수 있도록 힘을 주기도 하는 것 같다. 꿈이 현실 세계 자체가 될 수는 없지만, 현실 세계에 어떠한 영향은 줄 수 있는 것이다. 노래 가사처럼 사람들의 상처를 어루만져주고 위로해줄 수 있는 꿈은 치유 능력이 있다고 할 수 있겠다.

과유불급

얼마 전부터 심장이 아파졌다. 요 며칠 사이에 일에 대한 스트레스와 성공에 대한 압박감 때문에 나를 너무 몰아세운 것 같다. 불안했다 하루하루가….

요즘같이 급변하는 사회에서 주식, 코인, 부동산 등으로 자산을 증식하는 사람들을 보고 있자면 나는 뭐 하고 있나 하는 자괴감과 조바심이 들었다. 그래서 나도 뭔가 해야지 하는 맘이 들면서 이것저것 급하게 잘하려다 보니 뭔가 가슴 쪽이 조여옴을 느꼈다.

아무리 마음을 진정시키려 해도 이러한 가슴의 조여옴은 멈추질 않았다. 주변에서 만나는 사람마다 안색이 안 좋다는 말을 했고, 나는 급하게 병원에 검진을 예약해야 했다. 검진 결과 다행히 별다른 이상 소견이 없었지만, 나의 스트레스 지수는 극에 달한 상태였다.

이번 일을 계기로 나의 몇 달을 돌이켜 보았다. 왜 이렇게 내 미래는 불안할까? 이렇게 천천히 가다가는 남들에 비해 내가 뒤처지는 것은 아닐까? 이런 생각이 머릿속을 지배하다 보니 일을 마치고 쉬는 시간에도 무엇을 해야 한다는 압박감에 충분히 휴식을 취할 수 없었고, 그로 인해 몸이 이상 신호를 보낸 것이다.

옛말에 과유불급이라고 '지나친 것은 미치지 못한 것과 같다.'는 말이 있다. 열심히 하고자 하는 욕구는 좋은 것이지만 너무 지나친 것은 아예 없는 것만 못한 것 같다는 생각이 들었다. 이런 생활을 멈춰야 했다. 그래서 그 압박감을 내려놓기 위해 재테크 및 자기계발 서적을 읽는 시간을 줄이고, 내 마음을 진정시켜 주는 명상이나 에세이, 소설책을 읽기 시작했다. 그리고 시간이 남을 때는 산책하러 나간다. 조바심을 없애기 위해 밥도 천천히 먹어보고, 이동할 때는 일부러 천천히도 걸어 본다.

이렇게 하니 차츰차츰 마음이 진정되고, 다시 예전의 건강 상태를 찾아가는 것 같다. 여태껏 나의 인생은 무엇인가를 한 번에 이뤄낸 적은 잘 없다. 한번 해서 안 되면 두세 번 시도하였고, 포기하지 않고 천천히 꾸준히 하다 보니 목표한 바를 하나둘씩 이룰 수 있었다.

원래 스타일 대로 조바심을 갖지 말고 천천히 우직하게 나아가보자고 다짐해본다.

아바타

 예전에 월호스님이란 분을 '유퀴즈 온더 블럭'이라는 프로그램을 봤다. 원래 토크쇼를 좋아한 터라 내가 즐겨보는 프로그램 중 하나이다.

 이번 회차에 게스트로 나오신 월호스님께서는 대기업에서 일하던 평범한 직장인이셨다고 한다. 그러나 동생들의 죽음을 갑작스럽게 맞이하며 삶이 무엇일까? 라는 질문에 이끌려 그 길로 스님이 되셨다고 말씀하셨다.

 나 또한 어머니께서 절에 한 번씩 가시지 불교란 종교에 관해 관심이 별로 없었기에 불교란 종교는 허무맹랑하고 어려운 종교라고만 생각했는데 월호스님께서 하는 설명을 들으니 생각보다 불교란 종교는 실용적이고 그 교리 또한 아주 흥미로워 보였다. 그중 MC 유재석 님의 질문에 대한 월호스님의 시원시원한 답변이 내 머릿속에 박혔다.

유느님 : "스님~ 행복해지려면 어떻게 해야 하는가요?"
월호스님 : "우리는 '행복'을 추구하기에 불행한 겁니다. 우리는 행복이 아니라 '안심'을 추구해야 합니다."
유느님 : "안심을 추구하려면 어떻게 해야 합니까?"
월호스님 : "도를 닦아야지요."
유느님 : "도를 어떻게 닦으면 될까요?"
월호스님 : "따라 해볼까요? 몸도 아바타! 마음도 아바타! 나도 아바타! 너도 아바타! 우리 모두 아바타야!"

무슨 생뚱맞은 소리냐고 할지 모르지만 스님이 여기서 말씀하시는 '아바타'란 우리에게 친근한 영화의 '아바타'와 동일하다. '아바타'라는 말은 인도산스크리트어로 분신, 화신을 뜻한다고 한다. 불교에선 속세에 있는 심신을 '아바타'라 칭한다고 한다.

월호스님이 하시는 말씀은 우리의 몸과 마음은 아바타이며, 그것을 관찰하는 진짜 "나"가 있다는 것이다. 내가 '아바타'란 점을 확신하게 된다면 늙고 병들고 죽는 것으로부터 해방될 수 있다는 것이다. 따라서 내가 '아바타'라고 생각하고 그것을 관찰하는 것이 '도'를 닦는 것이라는 것이다.

그렇기에 나를 '아바타'라 생각하면 인생에 너무 애착하면서 살지 않을 수 있고, 슬픈 일에는 너무 슬퍼할 필요도 없다는 것이다. 그냥 인생을 한바탕 꿈이라 생각하고 편안하게 넉넉히 살아가자는 것이다.

'나는 아바타다.'라는 짧고 굵은 월호스님의 말씀처럼 관찰자의 시선에서 나를 바라보고, 불안에 너무 빠져들지 말아야겠다. 아무리 심각한 일도 한바탕 꿈이니 그냥 아름다운 것을 느끼려고 노력하고 즐겁게 살아가야겠다고 다짐해본다.

방향

한 때 인터넷 뉴스에 상위권을 차지한 뉴스 중의 하나가 어느 작가 겸 인기 방송인 K씨가 40억대 건물주가 되다라는 기사였다. 이 기사는 한동안 포털사이트 인기 기사에 한참을 올라가 있었는데 이 기사를 보고 느끼는 사람들의 댓글 반응을 보고 참 재밌어한 기억이 있다.

우선 1차원적인 반응으로 와~ 부럽다는 반응이 지배적이었다. 그러나 그 생각 다음부터 연쇄적으로 일어나는 생각은 극명하게 갈린다. 아래와 같이…

A: 참 슬프다. 난 한 달에 죽어라 일해도 몇 푼 못 벌고, 지금 희망도 보이지 않는데 누구는 저렇게 쉽게 돈을 벌다니 허무하고 슬퍼서 눈물이 난다.

B: 하루아침에 이룬 성공이 아니라 오랜 시간과 노력을 들인 성공이네요. 펑펑 안 쓰고 검소한 모습 너무 귀감이 되네요. 저도 본받아서 제가 하는 분야에 성공하도록 노력해보겠습니다. 동기부여 됩니다. 앞으로도 쭉 성공하세요!

이 두 생각은 모두 일반적으로 생각할 수 있는 지극히 정상적인 반응이다. 같은 뉴스 기사를 보고도 어떤 이는 상대적 박탈감과 좌절감을 어떤 이는 무슨 일이든 열심히 하고, 꾸준히 하면 성공할 수 있는 거구나라고 느낄 수도 있다.

우린 흔히 말하길 인생은 선택의 연속이라 말한다. 대부분의 사람에게 이 문장에서 '선택'이란 'A' 상황과 'B' 상황을 두고 본인이 더 합리적이라고 생각하는 것을 선택하는 '상황에 대한 선택'이다. 나 또한 이렇게 생각했었다. 그래서 매 순간에 합리적인 선택을 하기 위해 신중에 신중을 기하였고, 순간의 선택이 내 인생을 좌우한다고 생각하고, 선택에 대해서 부담감을 느끼곤 했었다.

그러나 어느 심리학 서적을 읽고서는 생각을 바꾸게 되었다. 그 책에서 말하는 선택은 순간순간 '상황에 대한 선택'이 아니라 '방향에 대한 선택'이라고 한다. 우리는 철저한 준비와 예측을 통해 우리가 상황을 통제할 수 있다고 착각하지만, 우리에게 '일어나는 상황'은 실제로 통제할 수 없다.

우리의 인생에 있어서 상황은 그냥 발생하고, 주어지는 것이다. 다만 우리가 선택하고 통제할 수 있는 것은 상황을 바라보는 '방향', 그로 인해 피어나는 '감정'이다. 즉, 일어난 사건에 대해 '어떻게 바라보고 느낄 것인가'에 대한 '선택'과 '결정'만이 가능하다. 그러한 선택과 결정이 쌓여 우리가 걷는 인생의 길을 만든다고 생각한다.

자! 위에 뉴스 기사를 보고 당신은 어떤 선택으로 어떤 길을 만들어가고 싶은가?

예

서

딱히 상대가 없었다. 하고 싶은 말이 있었는데 무슨 말부터 시작해야 하는지 몰랐다. 그래서 나는 나에게 말하기 위해서 글을 썼다. 나는 그렇게 작가가 되었다.

사랑과 친절은
때론 반비례하니까

 제부가 왔다. 백발의 아빠는 담소를 나누고 기다렸다는 듯이 당신 방으로 제부를 데리고 가신다. 아빠는 컴퓨터를 켜고 그동안 궁금했던 부분에 대해서 끝도 없이 늘어놓으신다. 제부는 연신 설명을 하지만 아빠는 그중 반도 못 알아듣는 거 같다. 제부는 설명하며 계속 아빠의 주문대로 컴퓨터의 설정을 바꾸고 바이러스 체크를 하고 급기야 컴퓨터 부속 제품을 구매하려 한다. 두 사람의 대화는 상당히 긴 시간 이어진다. 쉽게 이해되지는 않지만, 아빠가 컴퓨터에 대해 저리 많은 요구가 있었는가 하고 새삼 알게 된다.

 언제부터인가 아빠는 딸들에게는 절대 컴퓨터에 관해 묻지 않으신다. 딸들은 단답형으로 대답하고 냉랭한 분위기를 유지하기 때문이다. 컴퓨터에 관해 물어보는 노년의 아빠에게 딸들은 오히려 컴퓨터 사용을 줄이시라고 권할 뿐이다. 그런데 사위들은 이웃 가게 컴퓨터 수리 기사처럼 아빠의 요구사항을 충족시켜 준다. 출장비를 받는 것도 아닌데 아빠의 컴퓨터를 작동시키고 이것저것 손본다. 아빠의 컴퓨터에 꼼짝없이 붙어있는 제부를 뒤로하고 동생이 내게 말한다. "저 사람 자기 집 가면 자기 부모님이 묻는 말에 대답도 잘 안 해. 보통은 시부모님하고 나랑 말해." 동생의 말에 나는 깔깔 웃으며 대답한다. "그렇지. 자기 부모한테 친절한 자식은 드물지." 부모와 자식은 가장 가깝지만 친절하긴 힘들다. 불변하는 관계를 담보로 친절까지 요구하지 않는다. 때론 불친절과 사랑이 비례하기도 한다.

소리풍경 속을 달리다

"보이는 사람도 뛰기 힘든데 안 보이는데 그게 가능하신가요?" 직원식당에서 주변 사람들의 대화에 슬그머니 끼어든 내게 누군가가 진지하게 물었다. 시각장애인인 나는 마라톤을 하기 위해 안내자의 팔에 끈을 묶고 달려야 한다. 이러한 특별한 방식에 대해 질문한 것인지, 마라톤 자체의 고단함에 대한 질문인지 알 수 없었다. 하지만 나는 늘 그러하듯 장애에 대한 질문으로 이해하고 바로 대답했다. "보이는 사람과 파트너가 되어 달려요." 나의 대답에 상대는 대부분 더 궁금하다는 듯 두 눈이 살짝 커진다. 나는 바로 부연 설명에 들어간다. "서로의 팔을 끈으로 연결해서 달려요." 이쯤 되면 상대는 자신이 원하는 대답을 충분히 얻었다는 듯이 고개를 끄덕인다.

오래전 일이다. 그날도 나는 저녁을 때맞춰 먹고 소화를 시키기 위해 산책하러 공원으로 갔다. 4월이라 공원에는 운동하는 사람들이 가득했다. 이미 걷고 있는 사람들의 행렬에 맞춰 나도 걷기 시작했다. 그때 누군가가 걷는 사람들 사이를 관통하듯 뛰고 있었다. 그 사람이 내 시야에서 사라질 무렵 또 다른 사람이 나를 추월해 나갔다. 걷는 사람들 사이에는 뛰는 사람도 존재했다. 그 당시 나는 학창시절 체육시간 이후로 달려본 적이 없었다. 게다가 공원에서 달리는 것은 순전히 자발적으로 달리는 것이 아니던가? 그런데 그날을 기점으로 어느 날부터인가 나도 뛰고 싶어졌다. 그래서 아주 천천히 달리기를 시작했다. 달린다는 것은 평범한 움직임이라 생각했는데 막상 내가 내 의지로 하려고 하니 낯설게 다가왔다. 그래서였을까? 나는 달리기를 시작하기 전에 용기를 내야 했다. 시작하기도 전에 내가 잘 달릴 수 있을까? 힘들면 멈춰야 할까? 나는 얼마큼 달릴 수 있을까? 등의 이런저런 생각들이 스쳐 갔다. 잡념을 뒤로 하고 나는 달리기를 시작했다. 그렇게 매일 꾸준히 뛰다 보니 석 달 뒤 나는 40분을 넘게 달리고 있었다. 공원을 달리고 나면 숨은 턱까지 차오르고 심장은 정신없이 뛰었지만,

머릿속은 너무나 맑아졌다. 그런 상쾌함에 중독이 된 나는 매일 저녁 달리기 위해 공원을 향하고 있었다. 늦은 저녁 공원을 달리다 보면 너무나 행복했다. 걸을 때와는 달랐다. 달린다는 것은 바라보던 공원의 풍경들을 좀 더 빨리 지나쳐야 하는 일이었고 느리게 움직이는 세상에서 혼자 분주히 앞으로 나아가야 한다는 의미였다. 걸을 때와는 다른 바람이 내 피부에 전달되었고 헝클어진 잡념 속에 파묻히기보다는 호흡을 조절하며 신체 상태를 고려한 채 잡념을 이어가야 한다. 멈춘다는 뚜렷한 목표를 향해 혼자만의 세상에서 작은 과업을 마치고 나면 그 해방감은 순간의 만족감과 상쾌함을 동시에 얻게 했다. 그때의 달리던 기억을 지닌 채 나는 시각장애인이 되었다.

어느 날 눈이 잘 보이지 않는 나는 다시 달리고 싶었다. 보이지 않는 나에게 달린다는 것은 위험한 일이며 불가능한 일이었다. 혼자 달린다는 것은 러닝머신 위에서만 가능했다.

다행히도 세상엔 무언가를 간절히 원하는 사람이 있다

면, 그를 돕는 사람도 있다. 나는 다시 달리기 위해서 시각장애인 마라톤 모임을 찾았다. 그곳에는 두 부류의 사람들이 있었다. 나와 같이 앞을 볼 수는 없지만 달리고 싶은 사람들 그리고 달리기를 좋아하는데 그 달리기를 통해 누군가를 돕고 싶은 사람들이었다. 그곳에서 그들을 '가이드 러너'라고 했다. 그들이 곧 원하는 사람을 돕는 사람이었다. 나는 찾아간 마라톤 동호회에 가입하고 나와 함께 달릴 가이드 러너를 만날 수 있었다. 가이드 러너의 눈을 빌려 서로의 팔을 묶고 나는 다시 달릴 수 있었다. 달린다는 것은 같은데 혼자 달리는 것과 함께 달리는 것은 분명 다른 의미가 있었다. 혼자 달릴 때는 속도의 조절과 신체적 균형을 계산하는 것이 모두 자신만의 몫이었다. 하지만 함께 달리는 것은 모든 것을 두 사람이 맞춰 나가야 하는 일이었다. 혼자 달릴 때는 상황을 바라보며 미뤄두었던 상념에 빠지기도 했지만, 함께 달릴 때는 파트너에게 시각적 정보를 얻기 위해 상대에게 귀를 기울여야 했고 상대 또한 나를 위해 매 순간 펼쳐지는 장면을 말로 설명해 주어야 했다. 이뿐 아니라 함께 몸 상태를 조절하며 서로에게 속도나 호흡을 맞추어 나가야 했다.

시각장애인과 함께 달리기 위해서는 일반적으로는 경험이 많거나 실력이 좋은 사람들이 가이드 러너를 하게 된다. 달리기 실력만을 뜻하는 것이 아니다. 시각장애인에게 시각적 정보를 전달하고 그들이 안전하게 대회의 코스를 완주하게끔 하는 것이 가이드 러너의 '진짜' 실력이다. 하지만 아무리 유능한 가이드 러너의 팔을 빌린다 해도 달리는 순간은 변함없이 숨이 턱까지 차올랐고 두 발은 철로 만든 장화를 신은 것 마냥 무거워진다. 게다가 눈앞에 펼쳐지는 광경을 볼 수 없으니 내가 어디까지 와 있는 것인지 얼마나 남은 것인지 알 수도 없다. 그저 길이 멈추지 않는 이상 나도 멈출 수 없을 뿐이다. 그렇게 달리다 보면 주변 상황의 다양한 소리들이 내 귓가를 스치며 그날의 기온을 품은 바람이 이따금 내게 다가온다. 달리는 그 자체에 더욱 집중하게 되며 목적지에 도달해야 한다는 목표만이 뚜렷하게 자리 잡는다. 또한, 시각장애인인 나는 나보다 달리기 실력이 뛰어난 파트너와 호흡을 맞추다 보니 중간에 포기하고 싶거나 멈추고 싶을 때가 와도 상대의 응원에 끌려 결국에는 완주를 경험하게 된다.

감정의 민낯을 마주하다

 그날은 대학원 수업시간이었다. 상담 관련 수업이라 옆 사람과 짝을 지어 대화하고 있었다. 나는 내담자가 되었고 옆자리 수강생은 상담자 역할을 맡았다. 제시된 주제에 내담자는 최대한 단문으로 자신의 감정을 표현하고, 상담자는 내담자의 감정을 읽어내야 했다. 내가 내담자가 되었기에 먼저 입을 열었다. 어떠한 주제를 골라 말을 시작할지 잠시 고민하다가 문득 떠오른 것은 과제로 만난 상담센터 상담사와의 마지막 기억이었다.

 한 달 전 나는 대학원 과제로 상담을 받았다. 내 뜻과 의지도, 또 의미도 없이, 상담을 시작했다. 앞이 잘 보이지 않아 대인관계에서 느껴지는 어색함을 정리하고 싶어, 나는 솔직하고 담담하게 이야기를 했다. 어느 정도 상담은 진행되었고 10회기 마지막 날 그간의 상담 내용을 정리했다. 그런데 상담사는 전혀 나를 이해하지 못하고 있었다. 마지막 날 상담사는 내게 말했다. "솔직히 저는 당신의 고민이 무엇인지 잘 모르겠어요." 상담사의 말을 듣는 순간 나는 답답하고 짜증이 났다. 그녀에게 나의 입장을 해명하듯 덧붙였지만 서로 웃으며 종결해야 한다는 생각에 급하게 정리하고 마무리했다. 그런데 그 알 수 없이 계속되는 답답한 마음은 그 자리에 남겨졌다. 우리는 열 번을 만났는데도 그 상담사는 나를 제대로 이해하지 못했다.

내가 상담에 대한 환상이 있었던 걸까. 상담을 받기 전에는 상담사는 나의 이야기를 경청하고 뭐든 공감해 줄 것 같았다. 더욱 정확히 말해 본다면 상담사는 내 마음을 충분히 이해해 줄 거라 기대했다. 하지만 상담사는 나의 이야기를 경청하고 공감했을 뿐 나를 끝내 이해하지는 못했다. 나는 그날의 답답했던 내 마음을 수업시간을 통해 내보이고 있었다. 수업 후반부에 담당 교수는 나의 이야기를 듣다 조용히 내게 다가왔다. 그리고 나의 감정을 읽어 나갔다. 각자 짝을 이루어 대화하던 사람들은 하나둘씩 교수의 말에 집중하기 시작했고 순식간에 강의실은 조용해졌다. 모든 사람은 나와 교수를 번갈아 응시하고 있었다. 교수는 상담자 역할의 학생에게 물었다. "지금까지 이야기를 들었는데 내담자의 현재 감정은 무엇인가요?" 내 옆자리 상담자 역할을 한 수강생은 자신 없는 말투로 대답했다. "답답하다요." 교수는 다른 학생들을 바라보며 말했다. "혹시 다른 답변 있나요?" 여기저기서 대답이 흘러나온다. "짜증난다.", "화가 난다." 교수는 조용하면서도 당찬 목소리로 말을 이어갔다. "답답하고 짜증나는 마음 뒤엔 그동안 한 행동에 대한 후회가 있죠. 그게 이 내담자의 감정이에요. 그리고 그로 인한 허무함이 있네요." 수업을 듣는 학생들 모두 아무 말없이 그저 내담자인 나를 바라봤다.

나는 정확히 구체화된 나의 감정에 밀려 그동안 잡고 있던 힘이 빠져나가는 것을 느꼈다. 나도 잘 모르는 내 감정을 설명하기 위해 애쓰던 에너지가 차분하게 가라앉았다. 상담사에게 향해 있던 감정을 내게 돌리니 가려져있던 후회와 허무가 드러났다. 그 마음들 뒤에 있는 진짜 감정을 찾기 위해 다음 질문으로 이어졌다. "그렇게 답답하고 짜증이 나는데 그럼 무엇을 바라나요?" 강의실 모두가 교수와 나에게 더욱 집중했다. 나는 멈추고 싶었지만 대답했다. "소통하고 공감하는 거요. 이해받고 싶어요."

"그렇다면 공감이나 이해를 받지 못했을 때 어떤 감정이 느껴지나요?"

"외롭다고 느껴져요." 내가 말하고도 내 귀를 의심했다. 나는 평소 외롭다고 생각하지 않았다. 할 일이 너무나 많았고 바빴다. 상념 따위에 빠지며 늘어지는 성격도 아니었다. 그런데 나는 분명 외롭다고 말하고 있었다. 나의 후회와 허무함 뒤에 있는 감정은 외로움이었다. 나는 조금씩 당황스러웠다. 알고는 있었으나 잘 말하지 않았던 단어였고 늘 이겨 내기 위해 애써 마주하지 않았던 단어가 내 입에서 나왔기 때문이었다.

교수는 멈추지 않고 계속 대화를 이어갔다. 이 공간에는 나와 교수 둘만 있으면 좋겠다고 잠시 생각했다. 교수는 말했다. "외로움을 해소하기 위해 시도해 본 방법이 있나요?" 나는 몇 가지 지난 경험을 떠올렸다. 그 중에서 요즘 취미로 읽은 책에 대해 말을 꺼냈다. 나만 알고 있는 못난 마음이 튀어나올까 걱정이 되었다. 이쯤에서 멈추기를 바랐는데 교수는 좀 더 진행하려는 듯 나를 지긋하게 바라보며 다가섰다. 읽은 책 내용 중 마음을 위로 받은 구절이나 생각나는 구절이 있냐는 질문이 들어왔다. 그 순간 떠올랐던 건 어느 시인의 시 한 구절이었다. 전문이 다 떠오르지도 않았고 그저 가장 와 닿았던 마지막 한 구절만 간신히 내 입에서 나왔다. 그 순간 나는 이성보다 감정에 이끌려 대답하고 있었다. 시 구절에 대해 이런저런 대화가 이어지면서 교수의 질문은 멈췄고 수업은 끝이 났다.

이미 많은 시간에 걸쳐 생각을 정리했다고 믿었는데 감정은 내 마음을 흔들었고 나는 분명하게 대답하지 못했다. 끝까지 담담하게 내 생각을 표현하고 싶었지만 서툴렀다. 강의를 함께 듣는 학우들에게 공개해도 될 법한 소재의 생활사건을 골라 평소 익숙하게 사용하던 감정인 답답함과 짜증스러움을 내놓았다. 그런데 어느 순간 나는 나 혼자만 알고 있던 내 마음에 담아 두었던 시 한 구절을 읊조리고 있었다. 내 정확한 감정을 마주하고 나니 상담사에 대한 원망이 어느 정도 사라졌다. 상대를 향해 의미 없이 떠도는 감정이 가라앉고 나니 내 안에 오랫동안 소복이 쌓여버린 허무함이 보였다. 나는 이 케케묵은 감정을 그제서야 제대로 마주할 수 있었다. 무엇을 내버려 뒀기에 묵혀진 감정일까? 누구나 마흔을 전후로 느끼는 중년의 감정일까? 습관적으로 잘못 처리한 인지구조의 잔여물일까? 나는 과연 무엇을 찾고 있는 걸까? 등의 생각들이 몰려왔다. 소리 없이 낡아버린 허무함과 외로움은 마음 구석구석을 차지하고 있었다. 모두 비워내고 말끔하게 쓸어 내기까지는 시간이 필요할 것이다. 그리고 허무함이 사라진 빈자리에 새로운 무엇인가를 담아낼 수 있기를 기대한다.

잃어버린 시간을 찾다

'상실'이란 단어를 듣기 전까지 나는 어리석게도 나의 상황을 정확히 인지하지 못하고 있었다. 끊임없이 반복되는 혼란과 우울, 불안, 분노 그리고 절망에 이르기까지 무수히 많은 감정에 휘감겨 길을 잃고 있었다. 뒤엉켜 버린 정체 모를 감정들은 슬픔이라는 이름으로 겹겹이 쌓여 나를 눌렀다. 나는 시력을 잃고 있었다. 그런데도 나는 모든 상황을 점차 '안 보인다'로 정의하고 있었다. 시력을 잃어가는 것과 점점 안 보이게 된다는 것은 분명 달랐다.

아직 도달하지 못한 보이지 않는 삶은 나에겐 공포로 다가왔다. 하루에도 몇 번이고 보이지 않게 된다면 어떤 고난을 견뎌내야 하는지 상상하고 또 상상했다. 일어나지 않은 일에 대해 걱정하는 것은 누구나 아는 분명한 어리석음 임에도 나는 세상의 충고에 속지 않으며 나의 문제의 무게를 바로 직감했다. 나는 보이지 않는 시간을 향해 끌려가야만 했다. 나에게 주어진 시대적 불치병은 치료의 시간을 허락하지 않았다. 대신 현실을 바로 인정하고 받아들이라고, 이를 위해 몸부림치라고 요구하고 있었다. 상념에 젖지 않기 위해 억지로 사람을 만나고 장애인 등록을 했다. 타인의 시선을 마주하고 불편해져 가는 나를 지켜봐야만 했다. 편의 제공 서비스를 문의하고 보조기기를 사용하기 시작했다. 나는 언젠가부터 점점 보이지 않게 되는 나만을 인정하고 있었다. 반대편에서 점점 시력을 잃어가는 나도 존재한다는 것을 외면했었다.

세상에는 이미 수많은 장애인이 존재했다. 장애인으로 살아보기도 전에 이 삶이 싫다고 나는 다르다며 목놓아 울 수도 없었다. 눈이 안 보인다고 슬퍼 말고 안 보고도 할 수 있는 일을 찾아야 했다. 나는 슬퍼하고 분노할 틈도 없이 현실을 이어갔다. 이따금 드라마나 영화에서 보았던 장면이 내게 펼쳐졌다. 두려운 마음으로 마주한 의사에게 실명선고를 받게 되었다. 망막에 병이 생겨서 앞으로는 빛도 볼 수 없게 된다는 진단이었다. 하루하루 시력을 상실해 간다는 것이었다. 그때까지만 해도 나는 상실이 지나간 자리에 채워지는 슬픔의 농도가 얼마나 짙을지 제대로 알지 못했다. 느닷없이 찾아온 시각장애는 그간 누적됐던 나의 고민과 갈등, 삶의 방향에 대한 방황을 한순간에 정리해 주었다. 끊어져 버린 세상과 다시 닿기 위해 끝이 보이지 않던 시간을 꾸역꾸역 살아갔다. 삶이 버거웠다. 부여된 시간을 무엇으로 채워야 할지 몰랐다. 마음은 너덜거렸다. 내가 감당해야 하는 감정인지 외면해야 하는 감정인지조차도 구분이 되지 않았다. 그저 새로운 천으로 마음을 덮어버리고 싶었다. 하지만 영화나 책의 주인공은 언제나 고난을 이겨 내고 살아갔다. 세상 속 장애인들도 예외는 아니었다. 모두가 자신의 장애를 수용하고 삶의 의미를 재설정했다. 자신의 슬픔을 표현하거나 좌절하는 장애인은 세상 밖에서 존재할 뿐이었다.

그래서였을까? 나는 깊은 상실감으로 가라앉아 버린 내 자신이 낯설고 두려웠다. 나는 나의 상실로 인한 슬픔을 어떤 식으로 표현해야 하는지 알지 못했다. 나는 나의 감정을 혼자 삭이거나 버려 두기 일쑤였다. 시력을 점점 잃어가는 것은 시각장애인이 되는 것이라고만 생각했다. 하지만 현실은 즉시 시각장애인이 될 수 없었다. 지금까지 내게 익숙했던 것들과 하나하나 이별해야 하는 과정이 분명히 존재했다. 그것은 마치 아동기의 아이들이 성인이 되기 위해서 청소년기의 사춘기를 반드시 거쳐야 하는 것과 같았다. 나는 하루하루 맺어왔던 관계와 보아왔던 세상과 이별을 했다. 연필로 쓴 글자가 보이지 않아 볼펜을 덧칠했다. 볼펜이 사인펜이 되었고 사인펜은 매직이 되었다. 이러한 나의 삶이 너무나 무겁고 두려웠다. 현실의 불편함을 느끼기도 전에 나 자신도 주체할 수 없는 정체 모를 감정들이 쏟아져 내렸다

만남과 이별의 경험을 반복할 때마다 발생하고 부여되는 감정은 무기력, 우울, 자책, 분노, 불안, 수치, 죄책감, 비탄, 원망, 자기연민이 뒤섞인 복잡한 슬픔이라는 녀석이었다. 이 슬픔을 떠나 보내기 위해서 나는 나의 시간을 상실로 규정하고 그 시간을 인정하기로 했다. 이따금 폭포수처럼 흘러내리는 눈물을 쏟아내고 또 쏟아내 버렸다. 생각을 멈추게 하려고 숨이 차도록 걷거나 뛰었다. 초등학생 이후

처음으로 악기를 배우고 노래를 불렀다. 내 마음의 흩어진 조각들을 정리하기 위해 책을 읽고 한 분야를 파고들며 시간을 채웠다. 나는 시력을 잃어가는 것에 대해 나만의 애도 의식을 치르고 있었다. 분명한 것은 점점 안 보이는 삶과 점점 시력을 잃어 가는 삶이 모두 존재했다는 것이다. 두 삶을 각각 인정하고 통합했을 때 나는 나의 슬픔을 수용하고 비로소 시각장애인이 되어갔다. 나는 재활의 시간과 함께 상실의 시간을 보내고 애도를 하며 또다시 내가 되었다.

지금 이 순간을 살아내

흔히 삶이란 아름답고 의미 있는 것이라고 한다. 여기에는 전제가 붙는데 그것은 '지나고 보면'이다. 돌이켜 보면 삶은 언제나 옳았고, 나와 상대를 존재하게 했으며 나에게 많은 것을 주었다. 하지만 삶을 대면해야 하는 그 순간에는 삶은 아름답기보다는 살아내야 한다. 나이가 하나하나 쌓여갈수록 그 순간을 외면해 버리고 싶다든가 피해버리고 싶었던 적이 늘어갔다. 어느 날 나에게 안과 질환이 발생했다. 현대 의학으로는 치료할 방법도 없었다. 의학은 모든 사람이 동일하게 누릴 수 있는 현대의 혜택인 줄 알았는데, 나의 눈에 생긴 병에는 예외였다. 의학의 한계는 현실에서 장애로 연결되었다. 시각장애라는 두려운 상황을 인정하기도 버거운데 진행성 질환까지 추가되었다. 다시 말해 장애의 정도가 점점 심해진다는 의미였다. 두려움에 혼란스러운 시간이 더해지자 결국에는 좌절감으로 이어졌다.

세상은 사람들에게 이런 말을 했다. 장애는 단지 불편일 뿐이며, 불행이 아니라고, 그러니 장애를 불쌍하게 보는 그 시선을 멈추라고 말이다. 시각장애인이 된 나는 저 말의 의미를 이해할 수도 믿을 수도 없었다. 불행하지 않은지, 정말로 단지 불편할 뿐인지 확인하기 위해서라도 장애인으로 살아야 할 판이었다. 저 말을 검증 없이 믿기에는 나는 보았던 시절을 너무도 오래 살았다.

다 큰 어른이 시력 하나를 상실했다고 내가 이 세상에서 제일 불쌍하다고 여기저기 떠들고 다닐 수는 없는 노릇이었다. 이미 세상은 곳곳에서 너무나 다양한 아픔과 고통이 존재했으며 시력을 잃거나 신체 일부를 잃고도 행복한 듯 여유를 선사하는 사람들이 나타났다. 그들의 존재는 때론 나에게 위로를 주기도 했지만, 이따금 내 마음에 반발심을 불러일으켰다.

누군가를 통해 해결책을 찾거나 힌트를 얻는 것도 무의미해졌을 때 나는 내 안으로 들어가 버렸다. 그렇다고 20

대 청춘의 뜨거운 마음으로 삶을 비난하거나 나 자신을 원망하지 않았다. 내 나이 마흔에는 그 정도의 열정적인 슬픔이 분출되지 않았다. 대신 삶에 대한 허무와 무기력으로 모든 것을 정리하고 싶었다. 버겁고 다 놓아버리고 싶었다. 방 안에 있어도 심심하지 않았고 혼자 있어도 슬프지 않았다. 보이지 않는 세상을 어찌 살아내야 하는지 명확하게 와닿지 않았으며 더욱이 보이지 않는 이 상태로 존재하고 싶지 않았다. 며칠을 방안에 누워 아무것도 하지 않고 시간을 보내기도 하고 분명히 엄청난 고난이라 여기고 끝없이 울어도 보았다.

시간은 흐르고, 세상도 잘 돌아갔으며, 여전히 내 곁에는 내 자신이 있었다. 변치 않는 사실이었다. 그렇기에 나는 살아야만 했다. 어떻게든 삶을 이어 가야 했다. 보이지 않는 상태로 매 순간을 소진해야 했다. 죽을 수도 없었고 감당하기 힘든 시간이라고 뛰어넘을 수도 없었다. 나에게 주어진 몫은 이 상황을 살아내는 것이었다.

할 수만 있다면 장애를 외면해 버리고 싶었다. 피할

수만 있다면 장애를 안고 살아야 하는 이 삶을 피하고 싶었다.

그런데 아무리 외면하고 외면해도 다시 돌아와 어깨에 놓이는 그 누구에게도 떠넘길 수 없는 내 길은 보이지 않는 삶을 살아내야 한다는 것이었다. 이것만은 피하고 싶다고 생각했다. 보이지 않는 삶을 빼고는 다른 고난과 고통은 감당할 수 있을 것 같았다. 나는 가장 두려운 내 길을 걸어가야 했다.

태어난 이상 모든 것을 다 놓을 수도 없었다. 내일이라는 순간이 존재하는 이상 다 내버려 둘 수도 없었다. 아무리 비참하고 참담해도 그래서 나 자신이 참을 수 없을 만큼 측은해도 내 몫은 내게 주어진 시간을 나로 살아내는 것이었다. 그렇게 나는 앞을 전혀 볼 수 없는 시각장애인으로 살아내기 시작했다. 무엇인지 모르면 손이 먼저 다가가 만져보았고 만져도 알 수 없으면 보이는 사람을 찾아가 물었다. 복잡한 곳을 이동해야 할 때는 타인의 도움을 받았으며 일상에서도 장애인 보조기기를 사용했다. 순간을 살아내기 시작하니 오만가지 생각이 들거나 어두운 감정에 침몰당하기보다는 용기를 내야 했고 마음을 열어야 했다. 나로 존재하기 위해 매 순간을 집중했다. 미리 예상했던 감정이나 부정적인 기대들은 막상 발생할 틈도 없이 순간은 흘러갔다. 오히려 예측할 수 없었던 상황들이 현실이 되어 그 틈으로 다양하고 새로운 감정들이 몰려왔다 사라지길 반복했다.

나는 느려질 대로 느려진 세상을 소리와 감촉으로 살아가며 타인의 도움을 받고 있었다. 소리와 감촉으로 살아내는 세상은 잊고 있던 냄새까지도 선명하게 초대했다. 보이지 않는 세상에도 아름다움이 존재했으며 행복이 머물렀다. 가장 불행해 보였던 삶에도 깊은 의미가 있었고 불편함 속에서도 다양한 가치가 살아 움직였다. 나 자신이 원하는 것이 무엇인지 알기 위해 더 많은 시간을 보내야 했고 나의 욕구를 충족하기 위해 좁은 삶을 잘 정돈해야 했다. 그렇게 보이지는 않아도, 차근히 살아내다 보니 나는 문득 알게 되었다. 보이지 않는다 해서 불행한 것은 아니라는 것을. 다만 너무나 불편할 뿐이라고 말이다. 삶을 살아내다 보면 흔히 사람들이 세상을 향해 던지는 말을 확인해 볼 수 있다. 그것이 정말로 진짜인지 아닌지 말이다. 삶은 살아내는 것이다. 그렇게 시간을 보내다 보면 어느 날 뒤돌아보았을 때 의미를 부여할 수 있게 되어준다. 결국, 삶은 되돌아보면 아름다웠다. 하늘은 늘 그 자리에서 내게 웃었다. 봄이 되면 바람은 분홍빛이 되어 내 마음에 늘 처음인 양 찾아와 살랑거렸고 가을에는 깊은 시원함과 편안함을 함께 몰아다 나무들 사이로 지나치며 풀 냄새까지 선물해주었다. 가족의 울타리와 아기의 해맑은 미소는 힘들었던 마음에 용기가 되었고 사랑하는 이의 뜨거운 사랑은 상처 났던 그 자리에 꽃으로 피어 추억으로 변했다. 때로는 사슬이 되어 나를 누르던 짐들도 시간 앞에 내려놓으면 더 큰 삶이란 녀석으로 찾아와 쉼과 평온을 주었다. 그리고 다시 그 안의 사랑을 만나게 된다. 삶은 살아내는 것이다.

안내하는 댕댕이를
만나던 날

  어제는 전국적으로 많은 비가 내렸다. 오늘은 맑게 갠 대신 소강상태로 흐린 날이다. 비가 온 후라 그런지 여전히 조금은 흐리지만, 모든 게 씻겨 나간 탓에 오히려 시원하고 쾌적하게 느껴진다. 어제 비가 온다는 일기예보를 지난주에 듣고 나는 서둘러 안내견 학교 방문 일정을 변경했다. 이번 방문은 나름의 각오를 한 움큼 쥐고 신청했던 터라 늦출 수 없었다. 그래서 하루 앞당겨 방문 약속을 잡고 월요일 낮에 맞춰 용인에 있는 안내견 학교로 향했다.

  그곳은 기업 용지의 리조트 사옥, 그리고 수련관 옆에 위치한 아주 한적한 곳이었다. 주변을 수놓듯 둘러싼 수많은 나무는 바람에 흔들리며 숲을 이루어 서울과는 사뭇 다른 분위기를 뿜어내고 있었다. 안내견 학교 입구에 들어

서자 출입구의 직원은 외부인을 즉각 감지하고 내게 다가왔다. 나직하고 부드러운 음성의 남성은 나를 복도 끝의 방으로 안내했다. 나는 자리를 잡고 전화로 문의했던 담당자를 기다렸다. 곧이어 담당자가 나타났다. 그도 나와 같은 시각장애인으로 안내견과 함께 보행하고 있었다. 너무도 조용하고 차분하게 들어선 담당자를 보고 나는 말했다. "혼자서 잘 다니시네요?" 나의 질문에 그는 잠시 크게 웃으며 대답했다. "지금 밑에 제 파트너 해달이가 있어요. 함께 왔지요." 너무나 얌전한 안내견의 등장에 앞이 보이지 않는 나는 그 녀석의 존재를 전혀 알 수가 없었다. 담당자에게 안내견 분양에 대한 우려를 표한 대가로 안내견 보행에 대한 철학을 주입 받는 시간을 거쳐야 했다. 한참을 말 잘 듣는 학생처럼 가만히 듣고 있자니 모든 것이 옳고 좋은 말뿐이었다. 빨리 안내견을 만나 보고 싶다는 마음에 담당자의 말을 끊고 나는 담당자의 안내견인 해달이를 쓰다듬고 싶다고 졸랐다. 그는 기꺼이 자신의 파트너와 인사할 기회를 줬다. 나는 가만히 앉아 있는 해달이에게 다가가 머리를 쓰다듬으며 인사했다. 그 녀석은 검은색 리트리버였다. 첫 만남인데도 불구하고 마냥 순하고 얌전하게 앉아 있었다. 꼬리를 살랑살랑 흔들며 쳐다볼 뿐 주인의 허락 없이는 움직이지 않았다.

　해달이와 인사를 마치고 나니 담당자는 나를 데리고 건물의 구석구석을 안내했다. 교육동에서는 훈련을 받는 개들을 볼 수도 있었고 숙소동에서는 시각장애인이 입소하게 되면 머무르는 기숙사도 가볼 수 있었다. 건물 내부를 다 살펴보고 나자 담당자는 나를 데리고 외부로 향했다. 해달이는 우리를 안내하며 사뿐히 걸어갔다. 건물 밖을 나오니 꽤 넓은 공간이 펼쳐졌다. 그리고 그곳에서 우리를 기다리고 있는 지오가 있었다. 지오를 데리고 있던 가이드 선생님은 지오와 나에게 서로 인사할 시간을 주었다. 지오를 쓰다듬으며 인사하는 나에게 그녀의 상냥한 목소리가 들렸다. 그녀는 혹여 지오가 들을까 조용하고 차분한 목소리로 내게 속삭이듯 말했다. 지오는 안내견으로 선정되지 못한 시범견이라 했다. 다른 안내견과 마찬가지로 무척 영리하나 낯선 곳에 적응력이 다소 부족하여 시범 견으로 선정되었다고 한다. 가이드 선생님의 설명이 끝나자 담당자는 지오의 시범 견으로서의 활약상에 대해 자랑을 늘어놓았다. 나는 영리한 시범 견 지오와 함께 잠시 보행을 하게 되었다. 초보인 나를 위해 가이드 선생님이 동행하기로 하고 나는 지오와 함께 걸을 기회를 얻게 되었다. 지금까지 나는 안내견을 주변에서 종종 보아왔기 때문에 그들의 의젓함이나 영리함에는 다소 익숙한 편이다. 그런데 정식으로 장비를 채우고 보행을 해본 것은 처음이었다. 지오의 하네스를 내 왼손으로 잡고 나는 지오의 오른쪽에 섰다. 그리고 바로 우리는 앞으로 걸어 나갔다. 그런데 나는 무엇을 상상했던 것일까. 나의 예상과는 너무나 다른 느낌이 전해졌다.

나는 지인의 소형견에 목줄을 채우고 공원을 함께 걸어본 적이 있다. 강아지와 산책했던 경험은 많았던 터라 안내견과의 산책도 크게 다르지 않을 것이라 생각했다. 그런데 나의 예측과는 너무나 달랐다. 안내견이 걷는 리듬과 반동이 생생하게 느껴졌다. 생각보다 빠른 속도로 안내견의 움직임을 손으로 느끼며 나는 걸어갔다. 안내견은 대형 견이라 손으로 잡았던 하네스도 보다 높게 자리 잡고 있었다. 지오의 발걸음을 생생히 느끼며 나는 그곳의 바람을 가르고 있었다. 곁에서 지켜봐 주시는 가이드 선생님이 있었지만 나는 잠시나마 낯선 곳을 지오를 통해 편히 걷고 있었다. 마치 우리 둘만 걷고 있는 듯했고 어느덧 나는 불안감을 잊은 채 원래 이렇게 걸었던 사람으로 변신했다. 내 마음은 무엇인가 더 원했다. 시범 견 지오와 함께 더 멀리 더 많은 곳을 가고 싶었다. 어릴 적 보았던 만화 속 주인공처럼 벽면에 나타난 구멍이 시간 터널이 되어 그 곳을 지오와 함께 통과해 미지의 어디론 가로 떠날 수 있을 것만 같았다. 잠시 만화의 주인공이 되어 우리 둘이 여행을 떠나는 모습을 상상했다. 어린아이와 같은 상념에 젖어있는데 지오가 갑자기 멈추어 선다. 혼자 상상 속에서 즐거워하다 나는 놀라 함께 멈췄다. 그리고 지오에게 물었다. "왜 그래? 왜 멈춘 거야?" 옆에 있던 가이드 선생님이 말한다. "지금 앞이 벽이에요. 더는 갈 수 없어서 지오가 멈춘 거예요. 오른쪽으로 돌라고 말해주세요." 나는 급한 마음에 지오의 하네스를 오른쪽으로 돌린다. "자~ 돌자 돌아."

그러자 지오는 움직이지 않는다. 뭔가 잘 못 했다는 판단이 들 때 그녀의 음성이 들렸다. "먼저 분명하게 말해 주서야 해요." 나는 다시 차분하게 목소리를 가다듬고 지오에게 말했다. "지오야! 오른쪽으로 돌아." 내 말이 끝나자마자 지오는 오른쪽으로 돌아 걸어갔다. 나는 다시 지오를 따라 걷기 시작했다. 그러자 다시 그녀의 밝은 음성이 들렸다. "지오에게 칭찬해 주세요." 나는 아차 하는 마음을 담아 지오에게 칭찬했다. "잘했어. 지오야 너무너무 잘했어." 내 말에 지오는 꼬리를 사정없이 흔들며 나를 처음 출발했던 곳으로 안내했다.

아쉽게도 5분간의 보행은 더 걷고 싶은 나를 두고 끝이 났다. 잠시 걸었음에도 나는 여행지에서 지금 막 집에 도착한 사람 같았다. 낯선 여행지의 오색 찬란한 새로운 경험을 마치고 마음속에 아쉬움을 지닌 여행자가 따로 없었다. 안내견을 완전히 신뢰하지 못한 채 불안한 마음으로 보행을 하고 신기함까지 더해지는 복잡한 감정을 정리하기도 전에 담당자는 내게 다가와 소감을 물었다. 나는 예상과 달랐던 느낌과 불안했던 마음 그리고 한편으로는 더 걷고 싶었던 마음에 관해 이야기했다.

"생각보다 상당히 빨리 걷던데요. 원래 이런 건가요?"

"네, 빠르게 느끼셨죠? 하지만 이 속도가 비장애인들이 일반적으로 편하게 걷는 속도예요. 그동안 시력을 잃으시면서 느리게 행동하셔서 그래요." 담당자는 나의 사정을 훤히 꿰뚫어 보듯이 말했다. 그리고 모든 상황을 지켜본 담당자는 오늘 일정을 담은 피드백을 전했다. "앞으로 안내견과 함께하게 된다면 작은 일에도 감동과 칭찬을 달고 사셔야 해요."

안내견 학교의 일정을 마치고 나는 집으로 향했다. 짧은 경험이었지만 혼자서 편안하게 걸었던 특별한 날이었다. 다행히도 차가 그리 막히지 않아 집에 저녁 전에는 도착할 수 있었다. 밤에 자려고 침대에 누우니 긴장이 풀린 탓인지 왼쪽 팔목과 양다리가 당겼다. 한 번도 아프거나 결렸던 적이 없던 부위였다. 가만히 생각해 보니 오늘 안내견 보행으로 평소 단 한 번도 사용하지 않았던 근육이 사용되었다. 그리고 나도 모르게 긴장까지 하고 있었다. 나는 낯선 곳에서 빠른 속도로 양손을 내린 채 걸어 본 것이 5년 만이었다. 이 사실을 나는 잠들기 전에 깨달았다. 잠을 청해도 계속 머릿속에 낮에 있었던 시범 견 지오와의 상황이 생생히 떠올랐다. 반환점에서 내 명령을 기다리던 지오가 아직도 내 왼쪽 다리에 닿는 것만 같았다. 내가 먼저 돌아서며 명령을 해야 한다는 것을 알려주던 가이드 선생님의 목소리가 다시 귓가를 맴돌았다. 지오와 함께 걸을 때는 정신이 없어서 미처 느끼지 못했다. 긴장을 풀고 가만히 침대에 누우니 그제야 지오에 대한 고마움과 그로 인한 감동이 내 마음속에 계속 차 올랐다. 어쩌면 그래서 나는 며칠이 지난 후에도 이 글을 쓰고 있는 것일지 모른다. 내 마음에 계속 남아있는 이 뭉클함의 정체를 잊지 않기 위해서 말이다.

안 보고도 살아나간다,
어쩌면 전보다 잘

   긴 시간 잡고 있던 감정을 마주했을 때 대부분 그 강도는 예상보다 약하다. 부정적인 감정이라면 덜 괴로울 것이며 긍정적인 감정이라면 덜 기쁠 것이다. 아마도 그건 잡고 있는 동안 마음이란 녀석이 담아낼 준비를 하고 있었기 때문이다. 그리고 준비가 감정을 담아내기 위해 고민할 때 시간은 찾아와 용기를 선물하고 기대를 미리 맛보게 한다. 어린 시절 매를 맞아 보았는가? 앞 사람이 맞고 괴로워하는 모습을 보고 있노라면 나의 다가올 고통이 너무나 크게 두드러진다. 그 순간의 긴장과 공포는 피할 수 없다. 하지만 막상 내 차례가 되고 매를 맞고 난 후에는 그리 두려워할 일은 아닌 것이 되어버린다. 나는 실명을 하였다. 그런데 한순간에 실명하지 않고 20년에 걸쳐서 실명했다. 나는 매 맞기 직전의 아이처럼 오랜 시간을 보냈다. 장애를 매와 비교한 것이 다소 부족함이 있어 보이지만 어디까지나 부정적인 감정에 대한 비교일 뿐이다.

 나는 정도가 심한 시각장애인이다. 법적으로는 완전히 실명한 상태이지만 나는 빛과 암흑 사이에 머물러 있다고 표현한다. 그리고 본다는 것과 볼 수 없다는 것의 그 중간 어디쯤에 머물러 있다고 이따금 이야기한다. 20년 동안 나는 시력을 잃어왔다. 현재의 나는 빛과 어둠을 구분하고 있지만, 이마저도 언제까지 볼 수 있을지는 장담하기 어렵다. 지난 20년간 나는 하루하루 조금씩 흐려져 가는 세상 속에서 나를 잃지 않기 위해 몸부림쳤었다. 어느 날 갑자기 찾아온 실명 선고는 나 자신마저 부정하게 했다. 나는 나의 장애를 받아들일 수 없었다. 그것을 더 정확히 표현한다면 현재 나에게 벌어진 상황을 수락할 수 없었으며, 내게 찾아온 이 불행한 우연을 절대로 용서할 수 없었다. 충격과 고통은 그 후로 한동안 오랫동안 계속되었다. 나는 실명의 작은 신호에도 무너져 내렸다. 내게 벌어진 이 끔찍한 불안과 공포에서 벗어날 수만 있다면 죽음이라도 선택할 수 있다고 믿었다. 보이지 않는다는 것은 죽는 것과 같다고 생각했다. 차라리 죽는 것이 나은 방법이라고 믿었던 적도 있었다. 대부분 영화나 소설에서 그러하듯이 등장인물은 당면한 불행에 저항하다 어느새 받아들이고 살아가게 된다. 나도 예외는 아니었다. 영화의 줄거리를 그리듯 나는 좌절과 절망의 시간을 뛰어넘지 못하고 고스란히 보냈다. 그리고 예외를 만들지 못하고 나의 장애를 인정했다. 부정하고 벗어나려고 발버둥을 쳐보았지만, 결국엔 그 모양새가 적응이라는 단어에 포함되었다. 시간은 흘러 나는 어느새 실명과 익숙해져서 하루하루 시각장애인이 되어갔다. 내일보다 더 선명한 오늘의 세상을 바라보면서 매 순간 보았던 것과 이별을 반복해 갔다.

처음에는 잘 되지 않았다. 이별하겠다고 다짐하면서도 나는 늘 어제와 완벽히 이별하지 못했다. 하지만 수없이 반복되는 이별 속에서 어느새 나는 먼저 멈추기도 했고 다른 길을 찾기도 했으며, 어제는 울다가도 오늘은 일어설 수 있는 마음을 갖게 되었다. 보아왔던 삶에 대한 집착을 버리니 보이지 않는 삶이 제대로 보였다. 막상 실명하고 시각장애인이 되어 보니 생각보다 그리 끔찍하지도 불행하지도 않았다. 안 보고 살아간다는 것은 상상만큼 그리 어렵거나 고단하지 않다. 다른 방식의 삶을 살아갈 뿐이다. 나는 시력을 모두 잃고도 예상보다 더 잘 삶을 이어가고 있다.

들꽃을 만나다

얼마 전까지 나는 아늑한 카페에서 에스프레소 커피 향을 즐기며 친구와 이야기를 하거나 소담스럽게 브런치를 즐기는 것에 만족했었다. 커피 향의 그윽함은 내 깊은 기억까지 정리해 주었고 아늑한 카페 공간은 내 마음을 편안함으로 채워 주었다. 이따금 나는 음악회의 현악기 소리에 마음을 달래고 콘서트홀의 베이스 기타 연주에 몰입하기도 했다. 유명 브랜드의 인기 있는 향수 제품을 조금이라도 더 싸게 구매하기 위해 여러 사이트를 수시로 확인했다.

그런데 올해 들어 평소 자주 찾던 파스타 집의 접시가 불편했고 카페 안의 사람들 대화가 소음이 되어 신경이 쓰였다. 노천카페에의 작은 테이블에 앉아 바라보던 거리의 아담한 풍경도 자동차의 요란한 움직임으로 변해 버렸고 여기에 다양한 기계음까지 추가되어 나를 이유 없이 방해했다. 내가 좋아했던 그 풍경들은 나의 잔존 시력과 함께 증발해 버려 더는 내게 어울리는 배경이 되어주지 못했다. 나에게서만 사라진 그 공간들은 주변 상점들이 방출한 반복되는 기계음과 움직이는 자동차의 거친 소리로 가득 도배되어 있었다. 이따금 이미 가득 찬 소리풍경을 비집고 들려오는 사람들의 무성의한 대화 소리와 오토바이의 요란하게 화려한 배기음이 간헐적으로 피어올랐다가 사라지기도 했다.

한때는 내가 좋아했던 정겨운 골목길이었다. 중앙에 차도를 두고 5층 정도의 아담한 건물들이 이어지며 좁지 않은 골목을 형성했다. 비교적 깨끗하게 정돈된 상점들이 나란히 들어서 있었고 유동인구가 많지 않은 한적한 상권이었다. 프랜차이즈의 획일적인 간판 대신 튀지도 멋지지도 않은 가게의 이름표들이 자신을 알리고 있었다.

그때는 개인 빵집의 정성스러운 메뉴가 옹기종기 모여있었으며 학원에서 수업을 마치고 뛰어나오는 아이들의 얼굴에는 웃음이 가득했었다. 나는 다정함을 골라보며 거리의 풍요로움을 감상할 수 있었다. 그런데 시력을 완전히 상실하고 나니 골목이 품고 있던 소리가 내게 먼저 찾아왔다. 정신없고 시끄러운 그곳은 내겐 예전의 그곳이 아니었다. 실망감으로 가득 찬 나는 다시는 그 골목을 찾지 않았다.

  이른 새벽이었다. 그날은 나도 모르게 잠에서 깨어났다. 마땅히 할 일이 없어 새벽 향을 맞이하러 집을 나섰다. 흰 지팡이를 앞세워 걷다 보니 거리는 정적 대신 지팡이 소리로 채색되었다. 익숙한 발걸음을 옮기다 보니 어느새 나는 그 골목을 서성이고 있었다. 그런데 새벽녘에 만난 그 거리는 고요함을 담고 있었다. 아직 영업이 시작되지 않은 상점들은 기계음을 방출하지 않았고 자동차의 움직임은 어디론가로 물러나 있었다. 오토바이가 질주할 때 나는 굉음 따위는 존재하지 않았다. 정지된 이곳에서 살아 숨 쉬는 존재는 나뿐이었다. 평온함으로 채색된 거리를 걷다 보니 예전에는 알지 못했던 모퉁이의 작은 공원을 발견했다. 공원은 인기척이 없었고 나는 낡은 벤치를 찾아 앉을 수 있었다.

고요함 속에서 선명하게 들리는 바람의 소리나 햇살이 반짝이는 운율은 나의 평온함에 생기를 불어 넣어줬다. 한참을 앉아서 바람의 향을 깊이 맡고 있으니 들꽃 향기가 이어졌다. 소리없이 날라와 은은하게 내 안을 가득 채웠다. 수줍은 달콤함은 이름없는 꽃 내음이었다. 어느새 나도 들꽃이 되어 공원을 밝히고 있었다.

어느새 진심은 증발해 버리고

    30대 후반이었다. 나는 긴 머리를 하고 싶었다. 꽤 오랜 시간 나의 머리는 어깨를 닿지 않는 단발이었다. 머리를 길러야 한다는 생각을 하니 긴 생머리를 갖게 될 날이 너무나 오랜 뒤처럼 느껴졌다. 언제 올지 모르는 먼 그날은 내가 긴 머리를 하고 싶은 날인지 지금보다 더 짧은 스타일을 하고 싶은 날인지 알 수가 없었다. 분명한 것은 지금 당장 긴 머리를 하고 싶다는 것이었다. 그래서 나는 머리를 붙이기로 하고 유명한 미용실을 검색했다. 사후관리 서비스 유무부터 후기까지 꼼꼼하게 찾아보았다. 심지어 오랫동안 연락이 뜸했던 친구에게 연락해 그녀의 지난 경험을 묻기도 했다. 이것저것 알아보다 보니 피곤했고 하루에 끝날 일이 아니었다. 그래서 다음날 계속 알아보기로 하고 잠시 결정을 미루었다.

며칠 동안인가 정보를 검색하다 보니 머리를 붙이는 것에 대해 너무나 많은 정보를 얻게 되었다. 그러다 붙이고 난 후의 단점까지 함께 알게 되었다. 붙이고 나서야 알게 될 불편함을 미리 알게되니 지금 바로 긴 머리를 하고 싶다는 마음은 온데간데없이 사라지고 말았다. 직접 해보지도 않았음에도 나는 무엇인가에 겁을 먹고 있었다. 어느새 나는 붙인 머리의 단점에 대한 글을 검색하는 데 열중했다. 당연한 결과였을까? 머리를 붙여서라도 긴 머리를 하고 싶다는 마음에 금이 갔다. 하지만 다시 시간을 두고 결정을 보류하는 것은 스스로 석연치 않았다. 현대사회에 걸맞은 합리적인 사고방식이 아닌 것 같아 대안을 정하기로 하며 다른 방법으로 향했지만 이미 방향은 정해져 있었다. 내 머리를 직접 기르는 방법밖에 없었다. 그러나 대안까지 고려했다는 사실이 뿌듯했고, 꽤나 합리적인 사람이 된 느낌에 만족스러웠다. 긴 머리를 하고 싶은 마음과 합리적인 사람의 사이에 어떤 개연성이 존재하는지 알 수는 없었지만 나는 나의 판단에 안심했다.

시간이 지나 만족감과 안도감이 옅어지자 다시 녹록치 않은 현실이 보였다. 짧은 단발머리에서 긴 머리로 가는 여정은 상당히 길고도 험했다. 손으로 머리카락을 만지며 상한 부분을 확인할 수 있었고 어깨에 닿는 길이가 되자 머리카락의 끝은 밖으로 휘어지거나 뻗치기도 했다. 뿐만이 아니었다. 머리를 감고 말리는 것에도 이전보다 많은 시간이 걸렸다. 나는 갑자기 깔끔한 단발머리가 하고 싶어졌다. 며칠이 지나자 나는 미용실로 달려가 머리를 다듬고 다시 단발머리가 되었다. 결국, 나는 대안을 실행하지 못하고 긴 머리를 하지 못했다.

나는 긴 머리가 주는 즐거움은 얻지 못한 채 정보만 습득해 버린 꼴이 되었다. 어쩌면 이것이 합리적인 사고를 기반으로 한 소비라고 이름을 붙일 수도 있을 것이다. 소비하기 이전에 관련된 정보를 꼼꼼하게 살펴보고 그에 따라 투자할 만한 가치가 있는지 판단하고 결정하는 방식이기 때문이다. 이러한 방식은 소비가 발생한 이후에 겪는 후회나 돈의 낭비를 줄일 수 있다. 하지만 이것이 합리적 소비가 맞을까? 나는 머리를 붙이는데 사용하는 돈과 시간만 고려했으며 붙이고 난 후의 관리적 측면에서 오는 불편함만을 생각했다. 처음 내가 가지고 있던 단순한 즐거움이나 경험해 보고 싶은 마음은 어디로 사라진 걸까? 사후관리에 대한 불편함을 카페나 자신의 블로그에 작성한 사람들은 모두 머리를 붙인 사람들이다. 붙이지도 않은 사람이 거짓말을 해가며 직접 글을 남길 이유는 없다. 그렇다면 나는 왜 해본 사람들의 부정적 평가를 믿고 동의했을까? 그들은 머리를 붙였을 때 누렸던 만족감이나 즐거움에는 왜 집중하지 못했을까? 그건 아마도 나는 관리에 따르는 불편함보다 긴 머리가 주는 만족감을 낮게 평가했기 때문일 것이다. 즉, 나는 긴 머리를 꼭 하고 싶었던 것은 아니다. 그저 한 번 해보고 싶었을 뿐이다. 아주 단순한 마음으로.

그렇다고 이런 단순한 마음이 진심이 아닌 것도 아니다. "그저 한 번 해보고 싶은 마음"에 의지가 동반되지 못한다고 해서 거짓이라고 해석할 수 없다. 그 또한 진심이었다. 그런데 의지가 필요한 상황에 놓이게 되면 그 마음이 증발

할 수도 있게 된다. 만약 단순한 진심이 의지를 만나 실행하게 되었다면 나도 수많은 사람처럼 사후관리에 대한 불평만을 늘어놓게 될 것이다. 긴 머리가 주는 만족감이나 외모의 변신으로 인한 신나는 마음은 잠시 머물렀다가 사라지고 결국 시간이 갈수록 머리를 손질해야 하는 불편감만이 남을 뿐이다. 긴 머리를 붙이고자 했던 단순한 진심은 붙이든 붙이지 않든 증발해 버리게 된다. 그 끝에 남게 되는 것은 붙이지 않았다는 후회나 붙이고 난 후의 불편함일 뿐이다.

이러한 감정의 변화는 비단 '머리 붙이기'만의 이야기는 아니다. 원하는 회사의 입사 전후의 마음이나 좋아했던 사람과 사귀기 전과 후의 다음, 가보고 싶었던 곳을 가보기 전과 후의 마음 등도 이와 마찬가지다. 입사하지 못한 회사나 잠시 좋아해 보고 말았던 사람 그리고 가보지 못한 곳은 언제나 후회가 남게 된다. 하지만 나의 의지와 상황적 운이 함께 접속되어 막상 원하는 회사에 입사하고 좋아하던 사람과 사귀게 된다고 하더라도 단순한 진심은 기어코 증발하고 예상 못한 단점들을 만나게 된다. 진심은 언제나 단순하다. 진심은 어렵거나 복잡한 것은 아니다. 다만 진심은 단순하여 증발해 버리기 쉬우므로 후회나 불평 중 한 가지가 수반된다. 그렇기에 우리는 깊은 후회도 잦은 불평도 의미가 없다는 것을 잊으면 안 된다. 나의 단순한 진심이 데려온 부속품에 지나지 않기 때문이다. 일상에서 피어나는 단순한 진심을 맞이하고 감사로 간직하려 노력할 때 후회나 불평은 그 가치를 상실한다.

작은 상자에 갇혔다

  새로운 근무지에 들어섰다. 다르게 느껴지는 계단의 높이, 반대 방향의 문, 확인이 어려운 복도의 끝과 끝, 알 수 없는 건물의 구조는 내게 냉정했다. 낯선 환경이 주는 차가움과 소외, 몰려드는 열등감과 외로움으로 나는 감정적으로 되었다. 결국 여기를 벗어나야 한다고 생각했다. 새로운 건물에 들어서면 언제나 건물이라는 미로에서 출구를 찾지 못하고 갇혀버리는 것만 같았다. 시력을 잃고 한동안 나는 작은 상자에 갇혀있는 꿈을 수없이 꾸었다. 더는 그런 꿈을 꾸지 않을 때 나는 뜻밖에도 현실에서 잊고 있던 꿈속의 나를 마주했다. 나는 복잡한 감정을 분리해 내지 못하고 상자 안에 갇히듯 나의 한계를 바라보았다. 꿈속의 나도 상자에서 벗어나려 몸부림을 쳤을 뿐 상자 안을 만족해하지 않았다. 상자는 매우 비좁아 조금도 움직일 수가 없었다. 나는 벗어나려고 애를 쓰고 있었다. 그곳에서 빠져나와 상자 밖에 머무르고 싶었다. 추운 겨울의 어느날, 나는 예정에도 없이 갑작스레 서둘러 휴직을 했다. 그리고 다시 다른 곳으로 가기 위한 준비에 빠져들었다.

이직을 위한 시험 준비를 시작한 것은 순전히 우발적이었다. 그러면서도 나는 놓아버린 나 자신을 재발견하며 때늦은 후회를 하는 백발의 만학도처럼 깊은 진심을 기울였다. 어디서 시작되었는지 알 수 없는 후회와 미련이 차오를수록 이제라도 분명하게 집중할 수 있음에 만족했다. 시각장애인으로 책을 읽으려면 교재를 텍스트 파일로 준비해야 하는데 이마저도 상당한 시간이 걸렸다. 하지만 종이 묵자 책을 보지 못하는 나에게는 유일한 방법이었기에 기다림에 대한 불만은 없었다. 그 당시 나는 주변 사람도 외부의 무언가도 별달리 관심을 기울이지 않았다. 정확히 말하면 나에게는 모든 것이 관심 밖이었다. 나는 상자 밖으로 나가는 것에만 몰두하고 있었다.

봄날의 새싹처럼 놀이터에서 뛰어노는 아이들의 웃음소

리는 내게 이미 상자 밖에 존재하고 있음을 일깨워주었고 가을하늘을 담은 바람은 나에게도 그곳에서의 자유를 이미 갖고 있다고 속삭여 주었다. 어느덧 나는 내가 만들어 놓은 감정의 소용돌이에서 벗어난 나를 만날 수 있었다. 시험일은 어김없이 다가왔고 나는 시각장애인용 음성 프로그램으로 시험을 보았다. 나는 시험 보는 모습이 남들과는 다르다. 책상에 앉아 시험지를 보며 펜을 든 손을 좌우로 움직이는 대신 컴퓨터 앞에 앉아 이어폰을 귀에 꽂고 오른손으로는 컴퓨터 자판을 만지고 있다. 여기에 코로나 19시기로 추가된 마스크는 나의 코와 입까지 가리고 있게 된다. 이런 불편한 자세로 시험을 온종일 보고 나니 20대 때와는 달리 온몸이 쑤시고 아팠다. 하지만 고단했던 시험의 경험은 나로 하여금, "어리석음"에 마침표를 찍고 매듭짓게 해주었다. 나는 상자 밖으로 나가듯 시험을 마치고 시험장을 빠져나왔다. 어깨와 허리는 아프고 귓바퀴는 피로했지만, 마음만은 허탈함과 홀가분함으로 가득했다. 나는 휴직을 하고 근무지의 건물을 빠져나왔지만, 다시 시험 기간이라는 상자를 설정했다. 그리고 그 상자를 들어간 것도 나이며 그 상자를 빠져나온 것도 나였다. 나는 내가 만들어 놓은 마음의 상자 안에 내 스스로를 가둬 두고 그 안에서 몸부림쳤다. 상자 안으로 들어가는 것도, 상자 밖으로 나오는 것도 모두 내 마음에 달려있었다.

삶은 끝날 것 같은 순간에도 계속 이어졌다. 시력은 뚝뚝 떨어져 뿌옇게 보였고 시야가 빨대 구멍처럼 좁아 들었다. 세상이 점점 흐려지면서 얼룩졌다. 이만큼 더 가면 더는 아무것도 없을 것이란 생각이 잦아졌다. 그런데 삶은 끝날 듯 끝나지 않았고 어느 방향으로든 가늘고 천천히 이어졌다.

모든 것을 잃었다고 생각했다. 익숙했던 일상이 무너졌다. 마음까지 텅 비어 아무것도 남아 있지 않았다. 하지만 그 안에 절망이 채워졌고 고독이 찾아왔다. 절망은 눈물에 젖어 흘렀고 고독은 한숨에 섞여 사라졌다. 다시 빛은 찾아 들고 희미한 시선은 그곳을 향했다. 사람들은 그 빛을 희망이라 불렀고 그 순간 삶은 계속 이어졌다. 나는 시험의 미로에 갇히지 않고 시험장 출구를 빠져나왔다. 한 줄기 빛이 새어 나오는 곳을 출구라 믿고 꾸준히 가다 보면 결국 빠져나올 수 있게 된다. 나의 삶도 장애도 시험도 크기만 다를 뿐 상자 속이다. 상자 안에서 내가 해야 할 일을 하고 주어진 기쁨을 찾을 수 있다면 출구를 찾기 위해 애를 쓰기보단 편히 머무를 수 있게 된다. 상자 안은 머무를 수 있는 자유와 갇혀버린 부자유가 동전의 양면처럼 존재하고 있었다. 나는 지금에서야 동전의 뒷면을 볼 수 있게 되었다.

때가 되면 다시 만난다

 상담실에 찾아오는 아이들은 다양했다. 부모나 담임교사의 걱정과 염려로 학교 교실과 학원 강의실을 벗어나 이 공간에 방문하는 아이들은 각자의 미완성된 우주를 담고 오게 된다. 처음 상담실에 찾아온 유나는 반갑게 인사하는 나에게 차갑게 대답했다. 그런 유나에게 다가가기 위해 나는 거리와 시간을 두었고 아이는 그리 오랜 시간을 요구하지 않았다. 조금씩 다가서는 내게 그 아이는 다소 어색한 한국어 억양으로 자신의 우주 조각들을 조금씩 보여주었다.

 초등학교 6학년인 유나는 3년 전 한국에 왔다고 했다. 한국인 아빠와 일본인 엄마 사이에서 외동딸로 자란 유나는 계속 일본에서 살았다고 했다. 아직도 일본어가 더 편하고 일본에서 사 먹던 군것질이 매일 밤 떠오르기는 하지만 한국어로 일상생활을 하는 것에는 별달리 문제가 없는 아이였다. 유나는 자신의 일상을 한국어로 비교적 유창하게 말했다. 하지만 이따금 그때 느낀 감정이나 기분에 대한 나의 질문에는 대답하지 못했다. 그 순간 사용해야 할 어휘와 적절한 단어를 알지 못했다.

"유나야, 그때 어떤 마음이었어?"라고 묻는 나에게 아이는 "어떤 마음? 글쎄요. 잘 모르겠어요."라고 대답해 버리거나 자신이 좋아하는 게임 이야기를 하며 화제를 돌려버렸다. 상담실에 찾아오는 또래의 다른 여자아이들은 성인만큼은 아니지만, 자신의 감정을 어려움 없이 표현할 수 있다. "그때 어떤 마음이었어?", "그때 기분이 어땠어?"라고 질문하는 나에게 아이들은 "마음이 아팠어요.", "너무 속상했어요." 등으로 대답한다. 하지만 유나는 무채색의 얼굴 표정처럼 자신의 감정의 색상을 알지 못했다.

교실에서 종일 무표정한 얼굴로 자신의 책상을 지키는 유나가 몹시 걱정되어 담임교사가 상담을 의뢰한 케이스였다. 유나는 할머니와 살고 있었다. 함께 사는 아빠는 개인

사업으로 너무 바빠 실제로는 주말에만 잠시 얼굴을 마주할 분이었다. 아빠와 엄마는 한국으로 와 이혼을 하고 어른들의 짜여진 각본처럼 유나는 한국에 계신 할머니와 함께 살게 되었다고 한다. 엄마는 새아빠와 함께 살며 자신과 특별한 날에 만나 시간을 보낸다고 했다. 가정환경은 물론 학교생활도 아이의 표정처럼 회색빛으로 채워져 있었다. 유나는 학교 수업이 끝나면 바로 인근 학원으로 가게 되는 일정이었는데 학원 수업은 정해진 자리에 앉아 개인별 태블릿 패드로 온라인 강의를 수강하는 시스템이었다. 혼자 온라인 강의를 수강하다 잘 모르거나 어려운 문제가 나타나면 그제야 선생님에게 도움을 요청하고 문제를 해결한다고 했다. 얼핏 보면 현대사회에 맞는 온라인 기반 개인 맞춤형 교육이 진행되고 있었다. 하지만 한국어가 능숙하지도 않은 유나는 모니터 화면 속의 전문적인 교사보다 직접 시간과 공간을 함께 나누며 마주하는 누군가가 더 필요했다. 이러한 유나의 요구를 반영하여 환경을 조성해 주기에는 아빠는 너무 바쁘셨고 엄마는 멀리 계셨으며 할머니는 고령이셨다. 학교에서 만날 수 있는 이중언어 선생님과의 수업으로는 아이의 마음에 다양한 색을 입히기에 부족했다.

유나가 상담실에서 다양한 표정을 짓기 시작할 때, 그녀는 내게 일본에서의 마지막 날을 말했다. 일본에 있을 때 방학 때면 한국에 종종 오갔기에 그날도 한국행 비행기를 타면서 일본으로 돌아가는 일정으로 생각했다고 했다. 그런데 그날 한국에 온 유나는 더는 일본으로 돌아갈 수 없었다고 한다.

유나는 그 날에서 멈추지 않고 시간을 좀 더 되돌렸다. 아빠와 엄마 그리고 유나는 일본에서는 자주 웃었으며 함께 시간을 보냈다고 했다. 다른 아이들과 마찬가지로 유치원을 다니고 장난감을 좋아했으며 사탕과 과자를 즐겨 먹었다며 두 눈이 반짝거렸다. 초등학교에 입학했고 하교길에 즐겨 먹었던 과자가 있었다. 그 이름을 외우기도 전에 유나는 부모님과 함께 한국행 비행기에 올랐고 그 뒤로 일본으로 돌아가지 못했다. 한국에서의 생활은 어린 유나에게는 모든 것이 낯설고 새로웠다. 방학 때 종종 오가던 한국과는 달랐다. 한국의 초등학교에 정식으로 입학을 했고 온종일 한국어를 사용해야 했으며 주어지는 학업을 견뎌야 했다. 한국어 집중 수업을 들으며 매일 한국 문화를 접하고 한국 음식을 먹었다. 유나가 한국 학교에 적응하는 동안 부모님은 이혼하셨고 마지막 퍼즐 조각을 맞추듯 유나는 할머니의 품에서 지내야 했다. 일본어를 능숙하게 사용하지 못하는 할머니와는 짧게 한국어로 대화를 해야 했고 개인 사업을 하시는 아빠와는 주말에만 시간을 내어 이야기할 뿐이었다. 아빠와는 한국어와 일본어를 섞어서 사용할 수 있었지만 바쁜 아빠와는 많은 시간을 보낼 수 없었다. 일본인 엄마를 만날 때는 일본어를 실컷 사용해서 이야기할 수 있다고 말하며 살짝 웃었다. 유나에게 주어진 한국에서의 일상은 생각보다 고단했다. 학교에서의 생활은 자신의 감정이나 마음을 한국어로 배우거나 접하기에는 부족한 환경이었다. 유나의 마음에 쌓이는 다양한 감정과 기분들은 한국어로 만나지 못한 채 스마트폰 게임 앱의 일본인 친구들에게 구석의 대화창의 문자들로 전달될 뿐이었다. 유나는 온라인 세상 속 일본인 친구들과 메시지로 게

임을 하며 느끼는 기분을 공유하고 있었다. 나는 그런 그녀에게 상담실에서는 자신의 감정과 기분을 한국어로 표현하게 도와주고 싶었다. 영유아기 아동의 정서 분화가 일어날 때 양육자가 그 감정과 기분을 언어로 반영해 주듯이 나는 유나의 정서를 살피고 함께 한국어로 표현했다. 그녀의 마음에 날개를 달아 오색찬란한 우주를 만드는 작업을 함께 했다.

"그때 마음이 어땠어?", "그런 말을 들으면 기분이 어때?"라고 묻는 내게 유나는 "몰라요.", "그냥 전 이해가 안 가요."라고 습관적으로 말했다. 나는 그런 유나에게 다양한 감정 카드를 제시했다. 그리고 자신의 감정과 비슷한 단어카드를 집어 보게 했다. 우리의 만남이 깊어질수록 유나는 일상에 있었던 작은 사건을 구어체로 내게 설명하는 것을 넘어서 그때의 느낀 기분과 감정을 스스로 표현하기 시작했다.

그날은 유나가 내게 일본에 관한 이야기를 끊임없이 떠

들고 있었다. 일본의 초등학교 생활, 일본에 계신 외할머니와 사촌들, 일본에서 사 먹던 이름 모를 과자에 관한 이야기를 멈추지 않고 말했다. 그런 그녀에게 나는 물었다. "유나야, 일본에 다시 가고 싶어?" 나의 질문에 그녀는 잠시 생각하다 대답했다. "네, 가고 싶어요."

"유나야, 왜 가고 싶어?"라고 묻고 나는 바로 다시 질문했다. "일본에 가면 뭘 하고 싶어?"

"외할머니도 만나고 자주 갔던 놀이터도 가보고 싶어요. 그리고 제일 하고 싶은 건 골목에서 사 먹던 그 과자를 먹고 싶어요. 그 과자가 매일 밤 생각나요."

"그 과자 선생님도 궁금하네. 얼마나 맛있는지 먹어보고 싶다. 유나야, 일본에 있던 사람들이나 먹던 음식들이 매일 떠올라?", "네, 매일 생각나요." 나는 유나의 마음을 어루만지듯 말했다. "보고 싶구나? 매일 생각나니깐 많이 보고 싶은 거겠지?", "네, 그런 거 같아요." 유나의 대답을 듣고 나는 그녀를 바라보며 다시 부드럽게 말했다. "유나는 일본이 그립구나." 나의 말을 듣고 예상대로 그녀는 두 눈을 살짝 크게 뜨며 묻는다. "그립 구나가 뭐에요?" 나는 유나의 수준에 맞게 '그립다'는 어휘의 의미를 설명하고 예시를 들어 말해주었다. 유나는 '그립다'를 몇 번 반복하다가 그 단어의 깊이를 감지했는지 내게 다시 말한다. "그런데 저는 많이 보고 싶은 것보다 먹고 싶은 것이 더 많아요." 나는 유나를 보며 크게 웃으며 그 이름 모를 과자로 화제를 돌렸다. 유나가 '그립다'를 음미할 시간적 공백을 마련해주기 위해서였다.

초등학교 6학년 여자아이가 받아들이기에는 만만치 않은 상황이었다. 유나는 일본에서의 생활을 접고 10살이 되던 해 한국으로 삶의 터전을 옮겼다. 일본인과 외모는 비슷한 사람들로 가득한 한국이었지만 새로운 언어가 가득했고 나날이 빈번해지는 부모님의 갈등은 결국 이혼으로 그 끝이 드러났다. 유나는 뜻하지 않는 이별과 만남을 반복하며 그 자리에서 버티고 있었다. 어쩌면 다양한 감정 어휘를 몰랐기에 자신의 상황에 깊이 슬퍼하지 못하고 있었을지 모른다.

우리의 관계가 짙어질수록 그녀는 더욱 솔직해졌다. 유나는 스마트폰을 통해 연락을 주고받는 일본인 친구들에 대해 자주 이야기하며 자신이 그들을 소중히 여긴다는 말까지 잊지 않고 덧붙였다. 그리고 담임 선생님이 자신을 걱정해주지만, 오해를 하는 것이 있단 말까지도 설명해주었다. (자신은 원래 일본에서 말도 많고 친구도 많은 유쾌한 성격이었는데 한국에 오면서 한국말을 공부하기가 어려워 말을 많이 못 하고 있다고 말이다).

한국어로 학교 수업을 따라가다 보면 국어시간과 사회시간이 가장 재미없다고 했다. 국어시간에는 한 명씩 교과서를 읽거나 작성한 글을 발표해야 했고 사회시간에는 모둠 별 토론을 해야 하며 어려운 단어들을 익혀야 하는 학업에 대해 불만을 토로했다. 자주 반복되는 익숙한 상황에서 좋고 싫음에 대한 감정을 표현할 때는 유나도 다양한 표정을 지으며 그 상황이 싫다고 자신 있게 말했다. 그런 유나의 마음에 맞장구 치며 함께 웃어주었다. 둘이 한참을 웃고 나니 유나는 한 발 더 자신의 감정에 다가섰다. "선생님, 그런데 일본에서 먹던 과자가 그립고 일본 친구가 그리운데 방법이 있나요?" 몇 주전 알려준 '그립다'를 능숙하게 사용하는 그녀에게 나는 나도 모르게 친구에게 이야기하듯 말했다. "때가 되면 다시 만날 거야. 그러니까 마음에 간직하고 있으면 되는 거지." 이런 나의 대답에 내 마음이 전달되었는지 13살 그녀는 고개를 끄덕였다. 그리고 천천히 물었다. "그런데 간직이 뭐예요?" 그 말에 나는 다시 친구에서 상담사로 돌아왔다. 그리고 웃으며 유나에게 말했다. "마음에 가지고 있으면 돼. 잊어서는 안 돼."

송
유
경

TUMBLR suewrites.tumblr.com
INSTAGRAM @eventhrive

오늘 문득

1. 오늘 문득 비가 오길래, 감사했다. 기대하지 않았던 더위를 조금이나마 해소해 주는 이 비가. 차분한 느낌도 좋다. 비 오는 날 카페에서 글 쓰는 여유란.

2. 오늘 갑자기 아이가 부모인 우리의 감정을 어루만지는 듯했다. 자기가 주장했던 대로 고집하지 않고 자기 행동을 번복하기에 아, 아이가 조금 더 성장했구나, 느꼈다.

3. 나는 우울감 비슷한 걸 겪으면서 많이 힘들어했다. 남편은 굉장히 인내심이 있고 이해가 많은 편이다. 그에게 더 이상 스트레스를 주지 않기 위해, 나는 노력해야 했을 것이다. 예를 들면, 불평보다는 셀프 토크를 하고, 스스로 바르다고 생각하는 것은 행동에 옮기는 것과 같은 노력을 해야 했을 것이다. 굳이 청자와 화자가 다를 필요가 없는, 남편이 24/7 나에게 신경을 쏟지 않아도 되는 그런 여인의

여유 말이다. 그 속에서도 기다려 주고 기준을 갖고 원칙을 지키면서도 글을 쓰라고 응원해 준 그에게 감사하다. 사람을 살리는 많은 것 중에 가장 큰 것은 아마도 들어주는 것과 용기의 말이겠지. 그러한 어둠의 터널을 같이 지나온 그에게 문득 더 감사해졌다.

4. 나의 삶의 패턴을 돌아보자. 나의 소중한 언니의 말처럼, 나는 나 자신의 약점뿐만 아니라 강점도 인정하고 칭찬해야 한다. 단점만을 보고 공격하는 습관이 결코 피가 되고 살이 되지 않을진대. 오히려 나를 갉아먹는 것인데. 나는 그렇게 부정적인 시선을 가져왔고, 그것이 오히려 편했다. 나를 좀 더 객관적으로 보지 못했고, 당연하겠지만, 글이 그 분출구가 되었달까. 이곳으로 도피해 왔다. 이제는 좀 더 나를 받아들이고 현실적이고 안정된 사람으로 살고 싶다. 과거는 과거대로 보내 주자. 안녕.

5. 나는 나의 일기 같은 글을, 누구도 낯간지러워하지 않으며 읽었으면 하는 건데. 그런 그런 받아들이는 마음이 부담스럽겠지. 나를 알아주기를 바라면서 나에게 다가오지 않기를. 거리를 두는 습관이 들었다. 소통은 어려웠고, 지

금도 쉽지 않다. 그게 나라는 사람의 성격이라고 생각했고, 그걸 무의식 중에 스스로 가엽게 생각하기도 했다. 내 안에 갇혀서, 남을 볼 수 없을 때가 많다. 오히려 외롭다고 말하며 다른 사람들을 판단했지. 소통이 없으니, 그런 상상만 있다. 이제는 나의 껍질을 벗고 나아가 보고 싶다. 자유감에서. 나도 소중한 인격체인데, it's about time.

주의 산만 또는 기분 전환

그런 집중력. 몰두함. 함몰함이 아닌 굉장히 자유로운, 선택에 의한 포커스. 글이 글을 낳는 것처럼, 그 유명한 아티스트도 12시간 만에 한 앨범에 수록할 모든 곡을 작사, 작곡한 것처럼. 그런 천재적임? 또는 이것이 가치 있다고 판단하는 우선순위.

Life that is full of distractions. Or life that is just distracted. 주의 산만함으로 가득한 인생. 그것이 인생을 채우는. 또는 중요한 것에서 멀어져 버린, 그냥 주의 산만한 인생을 살지 않기 위해서. 자꾸 나 자신을 다시 이쪽으로 데려오려는 노력.

계속 무언가를 피해 온 느낌이고, 그것이 아마도 '불편함'일 수 있다. 나의 삶은 '편함'을 위주로 설계되어 있던 건 아닐는지. 정리하고 싶지 않아서, 마음의 청소를 하고 싶지 않아서. 그런 마주하지 않은 데면데면한 나의 면모들. 케어 받지 못해 자라난 잡초가 무성하다. 그것이 숲을 이루는 것은 아닌지. 그 속에서 아우성치는 짐승들.

사실 그것은, 내가 키워 낸 짐승인데, 실재하지 않는 것일지도 모른다. 그럼 더 이상 피하지 말고, 대면하자. 나 자신과의 사이를 돈독하게 하되, 잡초들은 매일같이 제거하자. 그런 노력에의 구슬땀과 열매가 맺어질 것이다. 너에게도 그런 용기와 희망을 보낸다.

사과하고 싶은 사람들

하늘에 계신 외할머니와 친할머니. 혜인이. 옥진이. 합숙집에서 만난 나에게 친숙하게 다가와 준 두 언니. 은경 아주머니. 날 작가로 고용하기 위해 연락해 준 은경 작가님. 이름도 잘 기억나지 않는, 대학교에서 만난 친구, 아마도 아름이.

지금의 아버지. 지금의 어머니. 그때의 아버지와 그때의 어머니. 지금의 나와 그때의 나. 우리는 나이를 먹을 것이고, 후회도 할 것이다. 좋은 기억과 나쁜 기억을 둘 다 갖고 있다가, 잊을 것이다. 나는 그들에게 설명없는 무례한 행동을 했던 것 같고, 조금이라도 성장했을 지금의 내가 미안한 일들을 후회로 기억한다.

지금 사과할 수 없는 상황일 때, 이렇게 글로 남기면 언젠가 알아줄까? 언젠가 사과를 받아줄까? 그들이 사과를 받았는지 확인할 길이 없다. 이건 사과가 아니다. 바람일 뿐. 실체를 두려워하고 실제 나의 낮아짐을 낮아짐으로 느끼지 않을 때 높아질 수 있겠지. 그것을 바라지 않는 건 아니지만, 그냥 긁어 부스럼이 안 되고자 하는, 스스로 의로운 척 안 하기. 나는 충분히 나쁜 사람이고, 동시에 그걸 인정하고 있다. 당신에게 용서받지 않아도, 나 스스로 어쩔 도리가 없는 죄인이다. 구원받아야 마땅할 그런 죄인이다.

탱탱했던 살결도 이제는 늘어지고, 화장으로 좀 다듬어야 할 부분도 그냥 노출하고 다니는 아주머니가 되어 버린. 나의 현재 인생. 오늘날. 너는, 당신들은, 하늘에서 그리고 이 세상에서 어떻게 살고 계실까. 궁금해진다. 나를 기억이나 할까. 나를 용서 못하고 마음에 상처를 보듬고 계실까. 나의 불친절함과 경솔한 행동들이, 아 역시, 사람은 안 돼, 라는 결론에 귀결되게 하는 예시가 되었는지.

아니면 당신도 역으로 나에게 용서를 구할는지, 아, 이건 너무 자만이다. 음, 나에게는 그들에게, 인생을 start over 할지, 다시 시작할지 아니면 make up 할지, 즉, 정정하고 갈지 생각하게 하는 중요한 이름들인 것 같다. 그들을 기억하고 기도하라. 내가 직접 가서 무릎 꿇고 손을 싹싹 빈들,

그것이 진심으로 비치지 않는다면. 나의 죄는 십자가에 못 박았다. 용서받았다.

remorse(가책, 회한)가 아닌 repentance(진정한 참회)로. 우울함으로 함몰되는 인생이 아닌, 생명을 살리는 뉘우침으로 살라라.

너는 그렇게 살라라. 너를 살리신 이를 믿고 그 영원히 깊은 사랑과 은혜의 바다에서 익사하지 않고, 배를 타고 이 끄심에 동행하라. 그 돛단배에 타라.

몇 시예요?

 몇 시예요, 라고 질문한다. 나의 아이가 마치 누군가와의 약속이라도 있는 것처럼 지금 시각이 몇 시인지 묻는다. 지금 몇 시지? 열두 시 이십구 분이야. 이렇게 말하면 또 그렇게 수긍한다. 아직 어려서, 지금 몇 시인지 시계를 보면 알 수 없으니, 우리가 보고 말해 주기를 바란다. 하나님, 지금 몇 시인가요? 나 지금 제시간에 맞게 잘 가고 있죠, 잘 살아가고 있죠? 물어본다. 나는 세상의 시계를 보고 지금이 아침인지 낮인지 구분하는데, 인생의 시계에서는 알 수가 없어서. 하지만 하나님은 예수님이 언제 다시 오실지 당신 외엔 그 누구도 모른다고 하셨다. 알 필요도 없다고 하셨고. 왜, 나는 무언가에 약속된 사람인가? 분명히 그렇다. 앞으로의 삶, 삶 뒤의 삶… 그런 귀속 관계. 내가 내가 아니고, 그의 것일 때.

걱정으로 나의 삶을 늘릴 수도, 줄일 수도, 약속한 때를 모르지만 그때를 향해 더 빨리 갈 수도, 늦게 갈 수도 없는 섭리 속에 영속하는 나의 한 걸음, 한 걸음.

나의 시계는 멈추지 않고 영원할 것이다.

소중한 것이 있습니다

저에게는 이제 예전과 달리 소중한 것이 있습니다. 이런 글을 잘 쓰고 싶은 꿈도 아니고, 이제까지 쌓아 온 경력도 아니고, 어렵게 딴 학위도 아니며, 지난날의 즐거운 추억도 아닙니다. 앞으로 살아갈 날들. 오늘입니다. 내일 다시 돌아오지 못하는 오늘. 나의 인생. 내일 끝날지도 모르고, 오늘 일하다가 갈지도 모르고, 퇴근길에 갈지도 모르는. 정신이 들게 하는 것은 사실 어제도 아니고 내일도 아니고 오늘입니다. 오늘 아기와 책 한 번 같이 더 읽었더라면. 오늘 아기와 같이 웃는 시간이 더 많았다면. 오늘 곁에 있는 사람에게 사랑한다 한마디 한 번 더 했다면. 이렇게 글 한 줄 더 적었다면. 오늘도 오늘을 살아갈 용기가 있어야 하고, 오늘은 그나마 해 볼 수 있을 것 같습니다. 내일은 내일 걱정할게요. 오늘은, 참, 가능성이 커 보입니다. 오늘은 할 수 있을 것 같아요. 살아있는 지금, '했더라면'을 '했다'라고 얘기하렵니다.

당연한 사실

예전에, 어도비 일러스트레이터 프로그램을 배우기 위해 학원에 다닌 적이 있다. 일하는 때였으므로, 퇴근하고 저녁 식사는 빠르게 하거나 하지 못하고 밤을 학원에 할애했던 때이다. 그때는 분명 좋은 의도로 시작했지만, 나는 이 길이 아닐세, 취미도 어렵네, 라는 깨달음을 얻었다.

회사의 지원을 받아 다녔지만, 잘 기억이 나지 않는 내용이다. 내가 복습하지 않았던 것도 있고. 근데 그때 디자이너 강사는 말씀을 재밌게 하긴 했다. 거기에 일러스트레이터 말고도 포토샵도 동시에 듣는 열성 회사원분도 계셔서 좀, 멋져 보였었다.

그 디자이너분이 했던 말 중 기억에 남는 것이, 디자이너 중 폰트를 만드는 사람들이 가장 '대단'하다는 것이다. 특히 한글 폰트를 만드는 분들. 한글의 자음, 모음은 조합

이 다르게 될 때마다 크기, 모양도 조금씩 달라지기 때문에 그 변수를 다 만들어야 하는 수고로움이 있다.

어렸을 때는 예쁘게 손 글씨 쓰기에 관해 관심이 있었다. 기억하는 사람들이 있겠지만, 초등학생 때 '경필'이라는, '바르게 쓰기' 숙제를 했었는데 그걸 꽤 즐겼던 것 같다. 따라 쓸 갱지 유인물을 가위로 반듯하게 잘라, 딱풀로 격자 공책에 붙이고 따라 쓰는 재미.

나의 공부도 깜지 쓰기로 더 구체화(?)하였고, 지금도 어느 정도는 휘갈겨 쓴 손글씨를 좋아한다. 하지만, 그 유명한 래퍼의 영감으로 똘똘 뭉친 글쓰기도 아니고, 그냥 평범한. 메모 같은 파편들.

산돌광수체로 컴퓨터 폰트에 관심을 가지게 되었고, 기억하려나, 엽서체. 그리고 그 후에 나온 맑은 고딕. 특정 브랜드를 이야기하려는 것은 아니지만, 폰트 - 그 생김새에 담긴 감정 같은 것들. 캐나다의 미디어 이론가이자 문화 비평가였던 마셜 매클루언의 '미디어는 메시지다'라는 말처럼.

근데 깨달아지는 것은 일러스트를 배우는 것이나 글쓰기나 꾸준히 끝까지 해야 한다는 것이고, 내가 휘갈겨 쓰든 정자로 쓰든, 잘 모아 붙여 정리한다면 그대로의 쓸모와 작품이 될 거라는 것이다. 너무 당연한 이야기라서 부끄러울 정도다.

전쟁 같은 이 삶은, 어찌어찌 그렇게 doable 한 것 같다.

리얼: 거꾸로

 그러지 않아도 하려던 참에, 잔소리를 듣게 되는 나 자신. 나의 조급함은 그렇게 상대를 만나 탄력을 받는다. 자신을 걱정하고 자신에게 갇혀 있는 슬픈 영혼. 그 영혼을 위로하기는커녕 위축시킨다. 나의 값진 나날들을 갉아먹으려고 하는 공격에 더 이상 동조하고 대응하지 않겠다고 말한다. 싸워 나가야 하는 세상에서 나 자신이 스스로를 힘들게 하는 모습.

 이 모든 것을 마치 아름다운 것처럼 포장하지 않으려고 합니다. 아름다운 건 그대로 아름답기 때문에… 과거의 나로 돌아가지 않도록, 이 장편소설의 첫 챕터로 돌아가지 않도록.

 나에게 할 수 있다고 말해 주세요. 잘하고 있다고 말해 주세요. 저는 인제 그만 나의 목소리에 귀 기울이지 않으려고 합니다. 되돌릴 수 없는 후회를 하지 않도록. 삶을 낭비하지 않도록. 저에게 매일의 깨달음을 주세요. 그 은혜로 살겠습니다.

우상: 내 방(마음)에 있는 것

 10년 넘게 안 언니가, 고국인 미국으로 돌아간다고 합니다. 저에게는 저를 알아주고 응원해 주는 몇 안 되는 사람이어서 무척이나 슬프고 안타깝습니다. 하지만 좋은 일로 떠나는 것이니 응원합니다. 나중에 또 만나면 되지요. 그동안 - 10년 동안 - 나의 히스토리를 되돌아 본다면, 어떤 기억이 있을까요? 매우 부끄럽습니다. 성장했을까요?

 저는 이렇게 저 스스로 생각을 정리해 보게 됩니다. 이별이 주는 고통은 마음을 적막하게도 하지만, 동시에 새로운 시작을 하게 합니다. 무언가 시원한 구석이 있습니다. 아마, 분명한 이유에 의해서 떠나기 때문인 것 같아요. 그리고 아주 좋은 관계였기에, 그 가운데 걱정이나 갈등이 있어 떠나는 게 아닌, 구태의연한 토를 달지 않아도 되는, 아니 달 수 없는 구체적이고 깔끔한 명분이 있기 때문에.

너무 슬퍼서 그 구멍을 또 다른 것으로 채워야 할까요? 시원한 구석은 사실 덤덤한 자리입니다. 나의 여러 방 중의 하나가 비는 느낌이죠. 다른 누군가가 들어오지 않았으면 하는, 언니의 전용 방입니다.

각설하고, 그 언니는 나의 우상이었습니다. 나를 이해하고 격려해주는, 이 세상을 함께 살아가는 친구이면서 전우인 동시에, 떠나보내고 싶지 않은, 내 품에 간직하고픈 아이돌. 하지만 언니가 떠난다고 선언함으로써 이제는 글을 안 쓸 변명이 사라졌습니다. 나는 이렇게 또 글에 의지합니다. 언니가 그렇게 스스로는 '잔소리'라며 했던, 그냥 써 내려가라고 했던 글들. 언니가 떠나는 빈방에는 글로 채워 그 추억을 기억하렵니다.

언니 꿈(우상 2)

언니에게 나는 "언니에게 의존한다, 많은 것을…"이라고 말한 적이 있다. 사실 진짜 표현은, 언니는 나의 아이돌이야, 였는데 사실 그것을 한국말로 직접 들으면, 당신은 나의 우상입니다-라고 하는 것이다. 되게 간지럽고, 어찌 보면 낯간지러운 표현. 근데 나의 표현은 자못 진지했고, 차분했다.

언니는 내가 이러저러한 고민이 있다면, 앞에서 솔직하게 내던질 수 있는 사람이었다. 나는 그런 사람이 필요한 것이니까. 그런 사람과의 관계를 유지하면 되는 것이니까.

그런, 언니가 보고 싶다.

모순을 사랑하는 것

 모순을 사랑하는 것 같아요. 그러면 안 되겠지요? 왜 안 되나요? 그래요. 뭔가 깨닫지 못했던 것들을, 요즘에 깨닫고 있는데… 그래서 다행이지요. 예를 들면, 아기를 키울 때 좀 더 의도적으로, 적극적으로 임하라는 것과 - 도전하면 된다는 것. 그동안 하고 싶었지만 계속 우선순위가 밀려 하지 못했던 글쓰기. 그리고 지출. 나처럼 즉흥적인 사람이 돈을 모으기는 쉽지 않지요. 그리고 심지어 얼마나 썼는지 정리해 줘도 - 봐도 깨달아지지 않던 가계부입니다.

 후회하고 싶지 않아서. 인생을 낭비하고 싶지 않아서. 오늘을 소중히 하기 위해서. 그 목적이 있는 삶, 살아 보자고 말합니다.

 모순을 사랑하지 않을 수 있나요. 우리에게 영생을 주려고 십자가에서 돌아가신 예수님. 우리의 삶의 곳곳이 자리하는 불량식품, 간식, 군것질… 나를 움직이게 하는 카페인과 설탕. 삶의 목적을 이루기 위한 수단들이 가끔은 꼭 이상적이진 않아요. 너를 알아 가는 과정과 길도, 때로는 구불구불할 수 있지요, 암, 그렇지요.

이제는 더 이상 떠날 수 없는 나의 삶의 목적과 마주한 오늘입니다.

아무것도 하고 있지 않다고 느끼게 하는 주변과 목소리. 그것을 떨치고 주님께 나아가고자 하는 안간힘. 비교와 대조와 힘듦과 성취감. 보람. 오늘은 오늘의 은혜로 살아갈진대.

우리 모두 살아 있을 때 근심하는 것 같으나 항상 기뻐하기에 (그럴 수 있기를).

그동안
마주하고 싶지 않았던 것들

이제 마주합니다. 이제 만나러 갑니다. 코로나19 팬데믹으로 어려웠던 나날들을 되돌아보지만, 또 그때 품었던 미래에의 소망과 희망. 그리고 대조되는 오늘날. 규제가 풀리고 좀 더 자유로운 요즘 괜스레 변함이 없는 과거로 돌아간 것 같아서 조금 슬프다. 우울하다. 그런 바람들과 희망들은 어려움 속에 피어나는 것 같다. 좀 더 성장하는 내가 될 거라 기대했었는데. 나는 도태되고 있지 않나 의심한다. 이제까지 봐 왔던 반복적인 일상과 태도에 한숨을 쉰다. 이제 비로소 정말 중요하고 소중한 것을 깨달았는데. 적용해 보지 못하고 다시 제자리걸음이다.

편함 가운데 용기가 나오지 않는다. 도전이라는 것은 어려움 속에서 그 압력에 의해 분출되는 것이겠지. 그동안 마주하고 싶지 않았던 것을 마주하려니 나의 용기가 배로 필요하다. 편함 속에 파묻힌 일상을 벗어나고자 한다. 그것이 바람이고 그것이 나의 내일이기를 바란다. 아니, 오늘이었으면 한다. 이렇게 살아왔으니 오늘도 내일도 이렇게 살겠다-라는 모습은 아닌 것 같다.

무조건 변화만을 좇는 것도 이상적인 건 아니지만, 문제를 인식하고 해결하고자 하는 노력이 없다면… 그건 죽은 인생이 아닐까.

그럼 오늘의 나를 살아가게 하는, 용기를 주는 것들은 무엇일까.

손에 닿는 것

 오늘을 살아가는 너의 모습. 나를 마주하는 안간힘과 희망. 그 속에 피어나는 격려. 나를 향한 격려. 그의 격려가 나의 것이 되는 아침. 미뤄 왔지만 중요하지 않았다고 말하기 어려운 나의 소망과 꿈. 어제의 바람이 오늘 손에 닿을 때. 감사합니다. 인내와 지혜가 필요한 즈음, 야, 너도 할 수 있다는 말 한마디. 한 영혼을 살리는 귀중한 약이다.

 너에게 내가 던졌던 말들은 혹 상처가 되지 않았는지. 나는 얼마나 주의를 기울여 너의 살결을 보듬었는지. 사실은 네가 나의 꿈이었고 그 꿈이 실현되었는데 - 내가 그 꿈에 생채기를 내진 않았는지. 네가 나라는 사람을 받아 줄 만한 '깜'이 있을는지.

 '깜'의 정의: 일정한 자격이나 조건을 갖춤. 또는 그런 사람. (규범 표기는 '감'이다) 어떠한 자격이나 조건을 운운하는 건 아니다. 너에게는 나를 받아 줄 마음이 있는지 없는지를 가늠해 보고, 또 확인해 보고 싶은 어린아이 같은 마음일 뿐이다. 그것이 너에게 상처가 되지 않도록. 나는 오늘 너를 좀 더 보듬고 어루만져 주겠다. 그것도 받아 주길 바라.

페이퍼 앤드 펜

그저 빈칸을 채워 가는,

페이퍼 앤드 펜.

노트패드 앤드 펜슬.

그저 그런 일상을 끄적이고 싶지만,

위대한 유산 같은 너의 향기를 새기고(engrave하고) 싶은

나의 열망은 식지 않았노라.

나의 세계에 그런 허영들이 아직

배불러 하고 있었다.

아직 먹이를 공급받는, 즉, feed 되고 있는 감정들- 아직 출가시키지 못한 안타까움.

나의 이름을 드높이기보다,

그런 사랑의 열매를 맺고 싶고,

도전해 보고 싶은 작은 희망이다.

안간힘.

열리기 위해 닫히는 문

여행용 가방 캐리어의 문이 잘 닫히지 않아서, 아무래도 짐을 많이 넣다 보니 문이 입을 닫지 않더라고. 엄마의 요청으로 나는 차분히 그 문을 닫았다. 내가 특별히 정리를 잘하는 사람도 아니고(비교적 정말 그렇다), 기계의 귀재도 아니다. 기계와 친하지 않다. 다만, 침착하기 때문일까? 컴퓨터나 스마트폰도 그저 단순한 기능들-남들 다 아는 것들을 쓰고 있고. 이 타이밍에 엄마의 칭찬을 들었다. OO이는 이런 걸 잘하더라, 그렇구나. 나는 잘하나? 나는 이걸 비교 대상의 기술로 보지 않았는데.

누군가에게 도움이 되는 것은 참 기분 좋은 일이다. 기분 좋은 것을 떠나 의미가 있는 일인데. 나는 꼭 내가 잘하고 내가 도움이 되고 있나를 확인하는 습관이 있다. 뭐 많은 사람이 그렇겠지만. 그래서 조금의 비판이 들리면, 용납을 할 수 없는 한계에 도달한다. 참으로 비효율적이고, 소모적인 감정싸움. 감정 낭비. 나의 아까운 에너지.

왜 그렇게 상처에 더 울고, 더 안타까워하고 나 자신을 가여워하는지. 나를 그토록 애정하고 증오하기 때문일까. 그런 자존심이 커서일까. 이제 그만하자. time to grow up. 커 가야 할 때다.

차분하게, 나의 마음의 문을 닫았다가, 다시 열어 본다. 한소끔 끓이고 나서 문을 다시 연다.

어떤 공간이라도, 특히 - 마음의 문 안에서는 그렇게 정리해야 하는 거야. 그래야 굳게 마음먹고 지켜나가다가, 또 잘 열리는 거지. 잘 정리하여 소중한 것들이 편히 자리 잡을 수 있도록.

폰트

무언가를 배워 가는 입장이야.

나의 변명 따위는, 기억되지 않을 것이기에.

그동안 한글로 글을 쓰지 않았다.

사실 영어로도 글이랄 것을 쓰지 못했다.

때때로, 이따금… 이라는 말이 어울릴지 모르지만, 나는 작가로서 살아 본 적이 있다.

적어도 명함에는 그렇게 적혀 있었다.

꽤 수동적이면서도, 작가이기를 추구하고, 그러한 사람들을 추종하는(하고자 하는), 껍데기의 삶.

그렇게 부정적일 것도 없는 것이 - 글을 쓸 기회는 있었기 때문이다.

글을 쓰기 위한 사전 단계를 준비하는 자들, 그런 기회를 위해 도움을 주는 사람들.

사람들.

나는 무엇을 위해 사는가,
라고 질문한다.

코로나19 때문만은 아닐 테고,
육아에 전념까진 아니어도 충분히 잘 해내고 있지 못하다는 죄책감 때문만은 아닐 테다.

그동안에,
겹겹이 쌓아 온
바람과 허영이
삶이란 실체를 만나 가는 듯하다.

삶은 살아야 하는 현실이고

밥을 먹여 줘야 하는 터전인데,

꿈은 그 터전을 장악하고 싶어 한다.

그게 자의든 타의든

나는 가짜(fake)로 살아온 것 같은

깨달음과 착각 속에서

극대화되는 욕망이

단순한 먹임이 아닌

케어와 따뜻한 시선을 요청한다.

리얼 2

    이야기하고 싶은 것이 있습니다. 나의 삶은 복잡하지 않습니다. 그대로 심플하게 살고자 합니다. 나는 무엇을 쓰려고 하는 것일까요. 그 물음을 되려 독자에게 던집니다. 나에게 의미를 부여해 달라고 하는 것은 아닙니다. 글 자체, 예술 자체의 순수한 아름다움을 이야기하는 것이 아닙니다. 손에 닿지 않고 마음에 차지 않는 그런 허영이 아닙니다. 몸에 살이 되고 영에 단백질이 되는 그런 글 말입니다. 그런 글을 짓고 싶습니다. 나에게 영향을 준 작가들… 그들의 이름을 여기에 적어볼까요? 공지영, J. D. 샐린저, 사도 바울, 도나 타트, 은희경 등등. 그들의 글은 살아 있던 것 같습니다. 나의 삶을 구성하는 공간에 함께 했습니다. 그 실체를 여기 형성하고, 그 실체가 살아 움직이게 하고자 합니다. 응원해 주세요. 고맙습니다.

굉장히 TMI
(과도한 정보)

   그것까지. 나는 그것까지 당신에게 알려 주고 싶은 나무를 보고, 나무의 결을 봐 주었으면 하는 작가입니다. 숲은 스스로 형성되겠지요, 같은. 무책임한. 아직 모르는. 뜨내기. 새내기. (하나도) 놓치지 마세요, 그런 광고 카피처럼.

지나간다

 지나간다는 것이 결국엔 우리를 살아가게 만듭니다. 어떻게요? 나는 시작할 수 없는데, 시간은 가고 있습니다. 아이가 이제 몇 살이죠? 그렇게 시간은 가고 있습니다.

 기준일은 화요일이며, 오늘은 기준일부터 979일 (만 2년 8개월 5일) 째 되는 날입니다. 그동안 당신은 안녕하십니까. 건강은 어때요?

 나의 소중한 이들에게 어떤 모습을 보여 주느냐, 오늘을 어떻게 살아가느냐. 나는 가치 있는 것에 집중하기 위해 어떻게 위험을 감수하는가. 보호하는 안전한 삶과 도전과 투자하는 삶에 대해 고민해 봅니다.

 가치를 두는 곳에 집중하자고 말합니다. 그래요, 저는 육아의 책임을 잘 감당하고 있을까요. 불충분하다고 말하는 작자들⋯ 꺼지세요. 너나 잘하세요, 라고 말하는 건 아니고, 사실 책임을 잘 감당하고 있는가란 말을 저 자신에게 스스로 하는 것 같습니다. 불안과 걱정, 죄책감 같은 것들이 나를 향한 화살이 되어선 안 됩니다. 그리고 나의 육아에 대한, 그리고 그 외 욕구는 충족되어야 하겠지요.

네. 어느 부모도 아이를 키우는 걸 실제로 연습해 보기 어렵고, 모두 초보로 시작합니다. 운전면허도 그렇잖아요. 가장 중요한 것들은 그날 주어진 그때 해내야 할 것들이 많습니다. 작가 앤 타일러가 그랬죠. 하물며 운전도 면허가 있고 면허를 따기 전까지 몇 시간을 연습하고 익숙해져야 하는데, 결혼은 그렇지 않다고요. 실습해 볼 수 없고, 미리 흉내 낼 수 없습니다. 아기 키우는 것은 더 하겠죠.

근데 신기하고 경이로운 건, 이런 고민도 결국 어제의 것으로 지나간다는 것입니다. 그 두려움도. 처음 아기가 세상에 나와 눈을 뜨고, 새벽에 깨면 분유를 먹이고, 걸음마를 하고 말을 시작하는 과정들이요. 다 아는 이야기이지만, 신비롭지요. 저도 그렇게 컸겠지요. 그런 거대한 사명 같으면서도, 일상에 녹은, 감당할 수 있는 아이 키우기. 그로 인해 알아가는 것들과 감사함과 기쁨. 다 누리시길 바라요.

이 소중한 한 영혼은 마치 곱게 갈리는 토양 같습니다. 무언가 계속 갈고, 다듬고, 세우고. 우리는 공사를 하는 것 같습니다. 그런 지원을 할 뿐 결국 성장해 나가는 것, 자라나는 것은 신의 영역입니다. 그러니 걱정하지 말라는 거예요. 잘하고 있어요. 응원합니다.

마주하고 싶었던 것들

　나는 내가 마르다처럼 열심히 하고 있다고 생각하지만, 사실은 정말 중요한 것을 대면하지 못하고 그 주위를 바쁘게 맴돌고 있다. 그리고 함께 맴돌지 않는 사람들을 향해 화를 낸다. 그렇게 하루하루가 가고 있다. 나에게 정말 중요한 것은 무엇일까. 너에게는 무엇일까. 오늘 이렇게 글을 쓰는 것이 나에게 중요한 것일까. 아무것도 중요한 게 없다고 부정하는 어린아이는 아니다. 오히려 어린아이가 무엇이 중요한지 더욱 잘 알 것이다. 이제 여유를 부릴 시간이 주어졌는데, 나는 그것을 충분히 잘 대면할 줄 모르는 것 같다. 마치 갓 도착한 택배 상자를 열기가 귀찮아 며칠이고 그대로 두는 것처럼… 이건 게으름일까 아니면 두려움일까. 게으름도 아니고 두려움도 아닐까. 그냥 편안함이,

안락함이 좋은 나의 육체의 무게일까. 일어나 걷고 뛰는 나의 신체, 유산소 운동을 해야 할 때.

천재 피아니스트를 보았다

임윤찬. 물론 유튜브 영상으로.

살 떨림. 심장 떨림. 떨림. 전율… 인간이 할 수 있는 최대치를 보여 주는 그런 예술가들을… 동경하지만.

우리도, 나도 할 수 있다고 이야기해 주는 것 같기도 하고, 동시에 너무 먼 세상에 사는 사람 같기도 하다. 훌륭한 면모 뒤에는 잠을 줄이고 밥 먹을 시간을 아끼는 피아노에 대한 사랑과 연습… 연습… 연습. 마르다와 같지 않고, 마리아 같은 면모일까. 자신에게 중요한 한 가지에 몰두하고 쏟아부을 수 있는 열정. 집중력. 정말 중요한 것을 선택하고 헌신하기… 나는 무엇에 헌신하고 있는가. 나의 삶은 어떤 유산을 남길까. 유산을 남기지 않아도 하나님께서는 나에게 good and faithful servant (잘하였도다. 착하고 충성된 종아)라고 말씀하실까? 나는 여기에서 무엇을 하다가

갈 것인가. 나에게 주어진 시간에, 고민과 불평을 하다가⋯ 그렇게 자의적이지 않게 떠나가고, 실려 갈 것인가? 무엇이래도 좋은가? 책임이 없는가? 질문만 하지 않고, 답변하고 행동할 수 있는 나이도록. 나, 이도록. 나에게 능력과 용기를 주자. 용기와 능력은 지혜는 이미 주셨는데 내가 사용하지 않고 비축하려고 하는지. 그것은 계속 저축되는 것이 아니고 소멸하는 것이다. 오늘 하루의 은혜가 오늘에 유익하고, 내일은 내일의 은혜가 유효하니.

우리가 지난 토요일에
한 일을 기억하고 있다

 나는 일기처럼 이것을 기록하고 있는데- 지난 토요일 우리가 만난 선생님들. 아이를 가르치기 위해 상담을 받고자 만난 서로 선배와 후배인 선생님 두 분이 우리 집에 오셨다. 일단, 36개월도 안 된 우리 아이를 어서 이 프로그램을 통해 교육해야 한다는 것이 골자였는데, 우리는 그것은 이해했고, 그렇다면 아이의 발달을 위해 어떻게 구체적으로 직접 교육하시는지 보여 주셨으면 했는데 이론만 많이 들었던 것 같다. 좀 더 선배 격인 선생님은 후배 격의 선생님과 조화롭게 설명해주지 못하고 자기주장을 반복으로 말씀하신 것 같아서 안타까울 정도였다.

 그건 그렇다 치고, 아무리 좋은 책이 주위를 둘러싸도, 읽어 주지 않으면 소용이 없는 것처럼. 아무리 학원을 등록시켜 줘도 연습하고 스스로 학습하지 않는다면 - 옆에서

도와주지 않으면 쓸모가 없는 것처럼. 나의 지난날을 돌아보고 그것을 반복하고 싶지는 않고, 좀 더 마음에서 우러나오는 교육… 은 없겠지요.

나는, 아이에게 일단 피아노 교육부터 하고 싶다는 욕심이.

나의 욕심은, 아기가 독립적으로 잘 자라나는 것인데. 나는 나의 존재가 아이의 삶에 긍정적인 모습으로 투영되고 영감이 되길 바란다. 그런 이상은, 매일의 삶의 단위에서는 보잘것없이 산산이 부서진다. 그런 꿈을 향한 마음은 있지만, 실행하지 못하는 어리석음과 능숙하지 못함. 그런 것이 변명이 되기에는, 나는 이제 진정 엄마인데. 그런 역할과 이름에서 중압감을 느끼기보다는, 오늘 함께 나눌 수 있는 적은 시간과 그 감정 상태를 받아들이고 충실하게 최선을 다해 사용하면 될 것이다. 나의 글은 일회성의 종이 낱장으로 버려진들, 그게 거름이 되고 영양분이 되면 됐지. 아이는 지난 토요일뿐 아니라, 오늘도, 어제도 기억할 것이다. 그 기억이 짙든, 옅든. 아이는 나의 아이고, 나는 아이의 엄마이다. 가장 가까워야 할 사이이다.

생일이나 방학, 특별한 날이 아닌 나날을 소중하게 공유하는 엄마와 아들이 되기를 바란다. 그렇게 우리는 기억하고 흘려보낼 것이다.

기도

 나의 단어, 주어, 형용사와 서술어가 피아노 건반처럼 되고 그 소리가 조화롭기를 기도해 본다. 너의 귀에 걸리고, 나의 마음에서 분출되고, 그런 영혼이, 영혼이 담기게, 전달되기를 기대해 본다. 내 음악이 너에게 선율로, 마음을 휘감는 효과가… 그런 이펙트와 기교의 전도사가 아닌, 정말 마음의 정곡을 울리는. 마음을 흔들어 너의 리얼을 깨우는… 그런 화려한 것이 아니더라도, 어떤 의미가 되고 싶다. 김춘수 시인의 꽃처럼, 그렇지만 나는 먼저 너에게로 가서 하나의 꽃이 먼저 되겠다. 직접 찾아가는 서비스….

낭비와 허비

그제는 회사에서 쓰는 새 종이컵 한 개를 잘못 떨어뜨려 바로 버렸다. 뭔가 너무 아까웠지만, 그렇다고 쓸 용기(?)는 없었다. 그리고 점심을 먹을 때 챙겨 간 김이 몇 장 남았는데, 밥이 모자라서 이 또한 음식물 쓰레기로 버렸다. 학창 시절 급식을 먹을 때나 식당에서는 수많은 세월 동안 그렇게 많은 양의 밥과 국, 반찬을 버려 왔는데.

나는 왜 며칠이 지난 지금, 기억하고 기록할 정도로 아까운 걸까. 나의 곁에 소소한 자원들이 쓸모 없이 그대로 버려질 때 아깝다. 이제는 그 자원들이 수치화되어 나에게 의미 있게 다가온다.

하지만 그렇게 아까워하는 에너지가 더 아까운 것 같다. 나의 시간과 노력. 나의 삶. 그냥 흘려보내는 시간과 기회들. 인생. 사소한 것에 정작 중요한 것들을 놓치고 있는 게 아닌지. 나의 소중한 사람들에게, 일상 속의 소중함은 잊고 특별한 날에만 잘해 주려는 경향이 있는 것처럼.

인생은 역시 선택과 효율일까. 우선순위가 있는 것들에 집중하는 집중력이겠지. 물론 균형도 필요하지만.

종이컵 한 개와 김 몇 장 - 그것들은 내게 이 깨달음을 주려고 버려졌을까. 나는 어떻게든 그것들이 허비되지 않았다는 합리화를 하는 것일 테고, 나 중심적인 생각을 하는 거겠지만. 그 무엇보다, 나의 시간. 나의 인생. 삶을 허비하지 말라. 알면서… 초침을 흘려보내기. 멈추지 않기. 떠내려가기. 변화하는 것을 두려워하는 겁쟁이.

낭비: 재물이나 시간 따위를 아껴 쓰지 않고 헛되이 헤프게 씀.

허비: 헛되이 써 버림. 또는 그렇게 쓰는 비용.

나는 이 인생을 사소한 것에 허비하지 않겠다. 부디.

새벽 다섯 시, 지금 우리가 서 있는 곳

1판 1쇄 인쇄 2023년 02월 28일
1판 1쇄 발행 2023년 03월 07일

지 은 이 박진실 · 윤우진 · 예서 · 송유경

발 행 인 정영욱
기획편집 라윤형
디 자 인 차유진, 장윤정
편집총괄 정해나
제작지원 어효경 · 박세영 · 고민정　　fast campus

펴낸곳 (주)부크럼
전 화 070-5138-9971~3 (도서기획제작팀)
홈페이지 www.bookrum.co.kr
이메일 editor@bookrum.co.kr
인스타그램 @bookrum.official
블로그 blog.naver.com/s2mfairy
포스트 post.naver.com/s2mfairy

ⓒ 박진실 · 윤우진 · 예서 · 송유경, 2023
ISBN 979-11-6214-441-1 (03800)

- 파본은 구입하신 서점에서 교환해드립니다.
- 이 책은 주식회사 부크럼과 저작권자와의 계약에 따라 발행한 것이므로 본사의 서면 허락 없이는 어떠한 형태나 수단으로도 이 책의 내용을 이용하지 못합니다.
- 오탈자 및 잘못 표기된 부분은 위 이메일 주소로 보내주시면 감사하겠습니다.